ITALIEN

Küchen der Welt

ITALIEN

Miranda Alberti

Originalrezepte und Interessantes
über Land und Leute

Rezeptfotos: Michael Brauner

Aostatal, Piemont, Lombardei
„Die drei Venetien"
und Emilia-Romagna
Ligurien und Toskana
Umbrien und die Marken
Latium und Kampanien
Abruzzen und Molise
Apulien, Basilicata, Kalabrien
Sizilien und Sardinien
Südtirol
Trentino
Friaul-
Julisch
Venetien
Aostatal
Lombardei
Venetien
Piemont
Emilia-
Romagna
Ligurien
Toskana
Marken
Umbrien
Abruzzen
Latium
Molise
Kampanien
Apulien
Basilicata
(Lucania)
Sardinien
Kalabrien
Sizilien

CAFFE
la Cubana
BAR P
218
FIEVEL
SBARCA IN AMERICA

INHALT

ITALIEN: ERLEBEN & GENIESSEN

Wer kennt es nicht, das Land, wo die Zitronen blühen, das Land, in dem die klassische Kultur der Römer und der Renaissance ihren Ursprung hat? Wer liebt es nicht, dieses einzigartige Museum unter freiem Himmel? Wer ist nicht begeistert von der Vielfalt der Landschaften, von den sonnigen Stränden am Meer, von der Schönheit der Städte, von der Leichtigkeit der Lebensart? Und wer würde sie nicht genießen – die wunderbare italienische Küche?

Eine Reise nach Italien ist immer ein kulturelles und ein kulinarisches Ereignis. Kaum ein Land bietet uns so köstliche Gaumenfreuden. Dabei hat jede Region ihre eigene Küchentradition, die Gerichte spiegeln die ländliche oder urbane Kultur der Menschen wider. So findet man z. B. in der Toskana einfache, unverfälschte Speisen, in den Städten dagegen wird oft aufwendig und raffiniert gekocht.

In diesem Buch kommt das kulinarische Italien zu Wort: Das erste Kapitel zeigt Impressionen über Land und Leute, dann folgen die Rezeptkapitel, aufgebaut nach der traditionellen Speisenfolge. Von Antipasti bis Dolci finden Sie typische Spezialitäten – alle ganz original. Die Auswahl ist ausgewogen: Berühmte Klassiker und traditionelle Regionalgerichte wechseln einander ab. Schwierigere Rezepte werden zusätzlich durch Phasenfotos erläutert, damit auch alles jedem sicher gelingt. Interessante Kurzreportagen bei den Rezepten informieren über wichtige Produkte des Landes. Ein Glossar am Ende des Buches erklärt Ihnen viele Ausdrücke und Namen, die für die italienische Küche wichtig sind. Für besondere Anlässe finden Sie dort auch komplette Menüzusammenstellungen, damit Sie sich und Ihre Gäste perfekt mit der Arte culinaria verwöhnen können.

LAND & LEUTE LADEN EIN ...

Italiens wechselvolle Geschichte hat im Laufe der Jahrhunderte seine Menschen und seine Küche geprägt. Die Ursprünge gehen zurück bis auf die Griechen und die Etrusker. Roms Ausdehnung und der Handel mit den Völkern seines Weltreiches brachten fremde Einflüsse. Neue Eroberer bereicherten den Küchenzettel. Die Schiffe der Seerepubliken Venedig und Genua importierten exotische Gewürze aus aller Herren Länder, und in der Renaissance erreichte die italienische Kochkunst ihre Blütezeit. Unter den kulinarisch interessierten Herrschern der Medici entwickelten italienische Köche raffinierte Gerichte, die über Katharina von Medici später die französische Küche beeinflußten. Bis zum Jahre 1860 bestand Italien aus einer Fülle von politisch eigenständigen Stadtstaaten und Regionen, und jeder auch noch so kleine Partikularstaat hatte seine eigene Geschichte, seine unverwechselbare Landschaft, seinen individuellen Volkscharakter und natürlich seine typische Kochtradition. Obwohl die alten Kleinstaaten schon vor langer Zeit im italienischen Einheitsstaat aufgingen, identifizieren sich die Menschen immer noch sehr stark mit ihrer Heimatregion. Sie fühlen sich nicht so sehr als Italiener, sondern eher als Piemontesen, Venezianer, Römer oder Sizilianer.

Neben der vielschichtigen historischen Entwicklung haben auch die Formen der Landwirtschaft die kulinarischen Traditionen geprägt. So wird etwa im Norden, wo es viel Weidewirtschaft gibt, meistens mit Butter gekocht. Im übrigen Italien, wo Olivenbäume gedeihen, wird hauptsächlich Olivenöl verwendet. In den alpinen Gebieten Italiens kannte man auch lange keine Tomaten, denn wie viele Früchte stammen sie aus der Neuen Welt und wurden zuerst im Süden Italiens eingeführt und angebaut. So bereicherten die Pomodori, die »goldenen Äpfel«, besonders die Pizzaküche Neapels. Bis sie dann ihren Weg nach Norden fanden, verging viel Zeit... Auch der gewaltige Unterschied zwischen dem industrialisierten Norden und dem weniger entwickelten ärmeren Süden schlug sich in Lebensweise und Ernährung nieder. Und da bekanntlich Not erfinderisch macht, entstanden z.B. im kargen Kalabrien besonders phantasievolle Gerichte. Der reiche Norden kochte dafür aufwendiger und üppiger.

So haben im Laufe der Zeit Nord-Süd-Gefälle, historische Traditionen, regionale Eigenständigkeit und manch andere Faktoren die vielgestaltige, typisch italienische Küche entstehen lassen, die uns allen jetzt so unvergleichlich gut schmeckt.

Im Schatten des Lago Maggiore liegt der verträumte Orta-See. Mit dem Motorboot kann man in wenigen Minuten zur Isola di San Giulio übersetzen.

Aostatal, Piemont und Lombardei

Täler, Alpengipfel und Reisfelder

Der Nordwesten Oberitaliens ist eine Landschaft der Kontraste: Typisch für das Aostatal sind abgeschiedene Täler, steil aufragende Berge, Gletscher mit ewigem Schnee über der Dreitausendergrenze mit den höchsten Alpengipfeln Montblanc, Matterhorn, Monte Rosa und Gran Paradiso. Charakteristisch sind aber auch römische Ruinen, mittelalterliche Burgen, malerische Bergdörfer und renommierte Wintersportorte.

Piemont, das »Land am Fuße der Berge«, ist auf drei Seiten von den Alpen umschlossen. In den Bergen entspringt der größte Fluß Italiens, der Po, und führt über die Hauptstadt Turin durch die Lombardei bis in die Poebene, die Region der Reisfelder. Der Lago Maggiore und der geheimnisvolle Lago d'Orta sind die schönsten Seen der Region. Im Süden Piemonts gedeihen Spitzenweine. In den klaren Flüssen und Gebirgsbächen werden Forellen gefangen. Zu Füßen der Alpen im Osten breiten sich die Reiskammern von Novara und Vercelli aus.

Auch die Lombardei ist im Norden vom Alpenkamm begrenzt. Südlich der Bergketten liegen die oberitalienischen Seen mit subtropischer Blumenpracht: Der Comer See, die verträumten Seen des Varesotto, Iseo und Idro. Das Herz der lombardischen Hauptstadt Mailand, Metropole der Wirtschaft und Modezentrum, schlägt zwischen Domplatz, Scala und der Einkaufspassage Galleria Vittorio Emanuele II.

Polenta und Wild im Aostatal

So gegensätzlich wie die Landschaft ist auch die Küche im Alpenraum. Fast jedes Tal hat eine eigene Tradition, eigene Gerichte. Die Bergbauern mußten sich mit dem begnügen, was der Boden hergab. Ihr Grundnahrungsmittel war die Polenta, ein Brei aus Maisgrieß oder Buchweizen, der mit Pilzen, Käse oder mit Wild verfeinert wurde. Daneben steht selbstgebackenes Brot, Gemüse aus dem Garten, Butter, Milch, geräucherter Speck und Wein im Mittelpunkt. Zum Mitbringen eignet sich vieles, z. B. die Würste, die man in großer Vielfalt herstellt, außerdem berühmte Käsesorten: Fontina, ein milder Käse, der sich zum Überbacken eignet, der pikante Toma und Robiola, ein tortenförmiger Schafkäse.

Piemont – berühmt für Trüffeln

In Piemont entwickelte sich aus der Feudalherrschaft des Herzogtums Savoyen eine raffinierte, von Frankreich beeinflußte Küche. Das Bollito misto, gemischtes gekochtes Fleisch, hat in dieser Region seinen Ursprung. Bagna cauda ist ein beliebtes Gemüsefondue mit heißer Sardellen-Knoblauch-Sauce. Wild und Federvieh werden in einheimischem Rotwein geschmort. Im Herbst sind die Wälder voller Pilze, im Sommer wachsen Walderdbeeren. Die begehrtesten aller Delikatessen, weiße Trüffeln, kommen aus Alba.

Lombardei: Risotto und Ossobuco

Eine einheitliche lombardische Küche gibt es nicht. Die neun Provinzen haben durch verschiedene Einflüsse eigene Küchentraditionen entwickelt. Gemeinsam ist allen, daß die Gerichte langsam gegart werden und daß mit Butter gekocht wird. Polenta kommt überall als Beilage auf den Tisch. Bevorzugt kocht man Suppen, Reisgerichte und hausgemachte Ravioli. In Mailand sind geschmorte Kalbshaxenscheiben, Ossobuco, sehr populär, die zusammen mit dem safrangewürzten Risotto alla milanese gereicht werden. Den Hefekuchen Panettone gibt es dort in allen Größen zu kaufen. Typisch für die Geigenstadt Cremona und ein schönes Mitbringsel: Torrone, Mandelhonigstangen, und Mostarda, kandierte, in Senfsirup eingelegte Früchte. Aus Varese stammen die Amaretti, ein Gebäck aus süßen und bitteren Mandeln. Die Lombardei ist die Heimat des würzigen Gorgonzola, des sahnigen Mascarpone, des milden Bel Paese und des kräftigen Taleggio aus Bergamo.

Weine, Grappa und Campari

Im Aostatal werden hauptsächlich Rotweine gekeltert. Es gibt aber auch charaktervolle Weißweine. Langhe und Monferrato heißen die Weinberge im Piemont. Sie bringen die besten roten Spitzengewächse hervor: Barolo, Barbaresco, Barbera, Dolcetto d'Alba, Grignolino und die Weißweine: Favorita Allegro, Bianco di Verbano, Cortese di Gavi. An Schaumweinen steht der Asti Spumante an erster Stelle.

Die bedeutendsten Weingebiete der Lombardei sind das Veltlin, das Oltrepò Pavese und das Franciacorta-Gebiet.

Die klassischen Rotweine des Valtellina heißen Sassella, Grumello, Inferno.

Im Oltrepò Pavese gibt es die weißen Rieslinge, Pinot Bianco und Cortese und die roten Weine Barbera und Bonarda, Rosso dell' Oltrepò. Lohnenswert sind auch die Weine im Hinterland des westlichen Gardasees: Lugana (weiß), Chiaretto (rosé) und Riviera del Garda (rot und rosé). Grappa, ein Tresterbranntwein, bildet den krönenden Abschluß einer Mahlzeit.

Ein berühmtes Getränk der Lombardei ist auch Campari, eine Mailänder Kreation.

Zweitgrößte Kirche Europas: Der Mailänder Dom mit seinen gigantischen Ausmaßen erstrahlt nach einer gründlichen »Wäsche« in neuem Glanz.

Eine Portion geröstete Maroni ist in Mailand zwischendurch ein beliebtes »Finger-Food«.

»Die drei Venetien« und Emilia-Romagna

Zwischen den Alpen und der Adria

Der Nordosten Italiens, früher unter dem Namen »die drei Venetien« bekannt, ist eine Landschaft so bewegt wie ihre Geschichte: Gebildet wird sie durch die drei Regionen Trentino-Tiroler Etschland, Venetien und Friaul-Julisch Venetien. Berge, Wasser und Städte kennzeichnen dieses Gebiet: So findet man schroffe Alpenkämme in den Dolomiten, reißende Flüsse in den fruchtbaren Tälern Südtirols oder die gemächlichen Wasserfluten des Po, die in die Adria münden. Prachtvolle Städte wie das liebenswerte Verona, Palladios Vicenza, Padua mit den Villen am Brentakanal, die Lagunenstadt Venedig oder die Hafenstadt Triest ziehen Touristen aus aller Welt an. Highlights der Emilia-Romagna sind die Kunststadt Ferrara, die kulinarische Hauptstadt Bologna und das geschichtsträchtige Ravenna mit seinen Mosaiken.

Mit der Umgebung verbunden

Die Grenzlage zwischen Nord und Süd prägt die Bergbevölkerung der Alpenregionen. Südliche Heiterkeit verbindet sich mit nordischem Ernst. Im Herbst geht man überall in Südtirol und im Trentino zum Törggelen, dazu gibt's heiße Maroni und frische Walnüsse. Die Friulaner sind ein Bauernvolk: Sie reden wenig, arbeiten viel und sind hart im Nehmen. Alljährlicher Höhepunkt für die stolzen Venezianer ist der Karneval im Februar mit phantasievollen Masken und Kostümen. Nicht weniger spektakulär ist die Regatta im September auf dem Canale Grande.

Küche in Südtirol, Trentino und Friaul

Aus der Zeit, als die Alpenregion zu Österreich gehörte, haben sich auf den Speisekarten Knödel (Canederli) und Mehlspeisen (Strudel) gehalten. Spinatnockerln (Gnocchi verdi), Kartoffelnockerln (Gnocchi di patate) und Bohnensuppe mit Nudeln (Pasta e fagioli) kommen vor allem im Trentino auf den Tisch. Polenta ist im ganzen Alpenraum verbreitet. Die Kochtradition von Friaul ist in der Gegend von Triest auch von der slowenischen Küche beeinflußt. Berühmt ist der Rohschinken Prosciutto di San Daniele, der zwischen zwei Brettern aus Tannen- und Pinienholz gepreßt wird, damit er die typische Form einer Geige erhält.

Risi e bisi aus Venetien

In der fruchtbaren Poebene wird Reis angebaut, der in der venezianischen Küche unentbehrlich ist. Am Markustag aß der Doge von Venedig in einer rituellen Handlung Reis mit jungen Erbsen (Risi e bisi), was dem berühmten Reisgericht seinen Namen gab. Die Handelsverbindungen der Seerepublik mit dem Balkan und dem Orient bereicherten die venezianische Küche um exotische Gewürze, wie z. B. Safran. Die Fischtafel ist reichlich besetzt. Als Vorspeise beliebt ist Insalata di frutti di mare, ein delikates Gericht aus Tintenfisch, Muscheln und anderen Meeresfrüchten. Typisch ist Stockfisch. Unentbehrlich sind Zwiebeln bei der berühmten Kalbsleber Fegato alla veneziana. Carpaccio, rohes mariniertes Rinderfilet, ist eine Kreation zu Ehren des berühmten Malers gleichen Namens.

Schlemmerküche Emilia-Romagna

Die Schwemmlandebene des Podeltas macht die Emilia-Romagna zu einer der fruchtbarsten Gegenden Italiens. Hinter den Badestränden verlaufen die Hänge des Apennin mit riesigen Obst- und Gemüsegärten und Kastanienwäldern. Keine Region ist reicher an hausgemachten Pastagerichten: Lasagne al forno, Tagliatelle al ragù bolognese, Agnolotti, Cappelletti, Ravioli und zu Weihnachten Berge von Tortellini.
In Bologna wird die Mortadella hergestellt. Der delikate Parmaschinken reift ein Jahr lang an der würzigen Luft der Provinz Parma. Coppa, luftgetrockneter Halsgrat, kommt aus Piacenza. Pancetta, Bauchspeck, wird zum Auslassen verwendet. Zampone, gefüllter

Wie eine Theaterkulisse liegt der Uferort Malcesine am Ostufer des Gardasees. Stolz hebt sich die Scaligerburg von den steil aufragenden Felswänden der Trentiner Berge ab.

Schweinsfuß mit Linsen ist ein Weihnachtsessen aus Modena. Zicklein, Kaninchen und Huhn werden zu Ragouts verarbeitet. Die Adria spendet Meerbarben, Meeräschen, Seezungen, Schwertfisch und Tintenfische. Der Brodetto kann mit den Fischsuppen der Nachbarregionen durchaus konkurrieren. Parma und Reggio sind berühmt für den Parmigiano reggiano, Italiens würzigen Hartkäse aus Kuhmilch, der in runden Laiben (24 kg) mindestens ein bis drei Jahre reift. Modena ist bekannt für den Aceto balsamico, milden, lang gereiften Weinessig.

Von Bacchus reich gesegnet

Die meisten Südtiroler Weine sind rot. Der rote Marzemino aus dem Trentiner Lagarinatal wird schon in Mozarts Don Giovanni gepriesen, der Teroldego Rotaliano aus dem Trentiner Etschtal ist der König der Weine der Region. Leicht und bekömmlich sind die Weine am Gardasee, z. B. der weiße Tocai del Garda. Piccolit, Pinot Grigio, Refosco, Verduzzo, Tocai und Sauvignon Friulano kommen aus dem Karstgebiet Friauls ebenso wie ein vorzüglicher Grappa. Venetiens beliebteste Weine sind die Weißen Tocai, Lugana, Prosecco, Soave Superiore und die Roten Bardolino Classico Superiore und Valpolicella zählen zu den bekanntesten Weinen Italiens. In der Emilia-Romagna trinkt man gerne weißen Albana di Romagna, Pinot Bianco, Trebbiano Romagnolo oder moussierenden roten Lambrusco di Sorbara, Barbera, Sangiovese di Romagna oder Gutturnio.

Karneval in Venedig: Bunte Gestalten in phantasievollen Masken und Kostümen treffen sich auf dem winterlichen Markusplatz.

Der Olivenbaum gedeiht seit uralter Zeit in der Toskana. Mit Hilfe von Netzen werden seine reifen Früchte geerntet.

Ligurien und Toskana

Am oberen Ende des Stiefels erstreckt sich von Frankreich bis zur Toskana Ligurien mit seiner blumenleuchtenden Riviera di Ponente, dem Golf von La Spezia, der stolzen Hauptstadt Genua mit maritimer Tradition und der Riviera di Levante. An dieser Küste fallen die Berghänge steil zum Meer ab: Die Dörfer der Cinqueterre kleben wie Adlerhorste in den Felsen. Auf terrassierten Weinbergen gedeihen viele Reben. Die Küste hat ein reizvolles Hinterland mit Kastanienwäldern, befestigten Bergdörfern, kühnen Paßstraßen, Kastellen und alten Ölmühlen. Die dritte Riviera, die Versilia, liegt bereits in der Toskana, die in die Apuanischen Alpen mit den weißen Marmorbrüchen von Carrara übergeht. Hinter den Stränden der Maremma im Südosten werden Oliven und Gemüse in großem Stil angebaut. Hier in der Toskana, im Herzen Italiens, fühlt man sich wie in einem Museum unter freiem Himmel: Florenz, die Stadt Michelangelos, der Uffizien und der Medici, ist eingebettet in olivsilberne Landschaft mit Weinbergen und Zypressen. Das mittelalterliche Siena hält alljährlich auf der Piazza del Campo, einem der schönsten Plätze der Welt, den Palio ab. Pisa ist berühmt durch seinen schiefen Turm, und Arezzo, Lucca, San Gimignano und Volterra sind Städte wie aus dem Mittelalter.

Bunte Schirmreihen am sonnigen Rivierastrand. Soviel Ruhe und Ordnung findet man hier selten.

Tatkräftig und weltoffen

Die Toskaner sind tatkräftig und sachlich. Von ihren Vorfahren, den Etruskern, haben sie die Vorliebe für gutes Essen geerbt. Die weltoffenen Ligurer an der Küste stammen von wagemutigen Seefahrern und Kaufleuten ab, die lange Reisen in alle Welt unternahmen. Die Bewohner des Hinterlandes geben sich dagegen eher verschlossen und zurückhaltend.

Ligurien, Land der Kräuter

Fisch, Oliven, Gemüse und frische Kräuter dominieren in der ligurischen Küche. Die Hauptnahrungsquelle kommt aus dem Meer: Aal, den man als Festessen am Heiligen Abend verzehrt, Meerbarben, Sardinen und Sardellen. Pesto, die berühmte grüne Sauce aus Basilikum, Pinienkernen, Olivenöl, Knoblauch und Pecorino ist die klassische Beigabe zu Minestrone und zu Trenette. Salsa di noci, eine cremige Walnußsauce, begleiten Rigatoni oder Pansoti, dreieckige Ravioli, die mit wilden Kräutern und Ricotta gefüllt sind. Typisch ligurisch sind auch die Ravioli al burro mit einer feinen Fülle aus Spinat, Ricotta und Kräutern, die mit flüssiger Salbeibutter begossen werden. Eine beliebte Spezialität ist

Cappon magro, eine Pyramide aus gekochten Fischen und Gemüse.

Toskana kulinarisch: raffiniert einfach

Die Küche der Toskana ist natürlich, unverfälscht und beschränkt sich aufs Wesentliche. Frische Kräuter und zarte Gemüse bestimmen den Küchenzettel. Aus den Wäldern der Apuanischen Alpen kommen Kastanien, Pilze und Wild. Aus Arezzo stammt Lepre in umido, ein Hasenragout, das mit breiten Bandnudeln serviert wird. In Florenz ißt man zu vielen Fleischgerichten weiße Bohnen aus frischen oder getrockneten Bohnenkernen. Nicht umsonst werden die Toskaner Mangiafagioli, Bohnenesser, genannt. Fagioli all' ucceletto wird mit Tomaten und Salbei zubereitet. Das ungesalzene Landbrot ißt man zu einem Glas Chianti oder man röstet es zu einer Fettunta, reibt es mit Knoblauch ein und beträufelt es mit Olivenöl. An der Küste macht sich der Einfluß des Meeres bemerkbar. Die besten Fischeintöpfe, Cacciucco, kocht man in Viareggio oder Livorno.

Ja, der Chiantiwein…

Um Genua trinkt man die spritzigen weißen Weine Bianco di Coronato oder Vermentino. Bekannt sind die soliden Cinqueterre-Weißweine, seltener der Dessertwein Sciacchetrà. Der Rote Rossese di Dolceacqua hatte es schon Napoleon angetan. Toskanische Spitzenweine sind die Weißen Bolgheri, Elba Bianco, Vernaccia di San Gimignano. Große Rotweine kommen aus dem Chiantigebiet, z. B. Chianti Classico, Coltibuono oder Chianti Colli Fiorentini. Auf den schweren Lehmböden der südlichen Toskana wachsen edle Trauben: Brunello di Montalcino und Vino Nobile di Montepulciano. Der berühmte Vin Santo ist ein Dessertwein aus Trockenbeeren.

Leicht gewellte Hügel, ferne Bergketten, hier und da ein archaisches Gehöft, Pinien und Zypressen – so kennt man die Toskana. Sie ist bei uns die bekannteste italienische Region.

Farbenprächtige Landschaft in Umbrien: Blühende Klatschmohnfelder kennzeichnen im Sommer den fruchtbaren Landstrich.

Umbrien und die Marken

Heimat berühmter Maler und Heiliger

Umbrien, das grüne Herz Italiens, erstreckt sich quer über den Apennin. Man findet immer wieder verschwiegene Winkel, die heute noch so aussehen, wie sie einst Giotto als Hintergrund seiner frommen Bilder über das Leben des Franz von Assisi gemalt hat. Das Tibertal zählt zu den reizvollsten Gegenden Italiens, gesäumt von Eichenwäldern, in deren Boden die begehrten schwarzen Trüffeln verborgen sind. Dazwischen liegen Olivenhaine, Getreide- und Tabakfelder. Ab und zu sieht man alte Kastelle und original erhaltene Städte aus dem Mittelalter. Auf 1000 Meter Höhe gedeihen Edelkastanien, aus deren Mehl heute noch Kastanienkuchen, Castagnaccio, gebacken wird. Die kulinarische Grenze zwischen Umbrien und den Marken verläuft fließend. Sanfte Hügelketten mit Olivenhainen reihen sich hintereinander. Die lieblichen Marken faszinieren durch schöne Städtebilder wie Ascoli Piceno, Loreto und Urbino.

Genießer und rechtschaffene Leute

Die Umbrer sind bäuerlich und fleißig, dabei behäbige Genießer. Sie leben in erster Linie von der Landwirtschaft. Die tüchtigen Marchigiani sind seit jeher als gute Handwerker bekannt, denn das Land ist gebirgig und der Bodenertrag gering.

Fromme und weltliche Volksfeste

In Umbrien gibt es viele religiöse Feste und Wallfahrten. Gubbio feiert am 15. Mai einen frommen Wettlauf mit riesigen Kerzen, die Corsa dei Ceri, und am letzten Maisonntag das Armbrustschießen in historischen Kostümen: Palio della Balestra. Das mittelalterliche Spoleto ist berühmt für das Festival dei Due Mondi, das Musikfestspiel der zwei Welten, das im Juni/Juli stattfindet. Im September während der Sagra della Porchetta in Bastia werden Spanferkel am Spieß gegrillt.

In Spello feiert man im Herbst und Winter das Olivenfest und das Fest der Bruschetta, bei dem es geröstetes Brot mit Olivenöl und Knoblauch gibt.

Zum Mitbringen

Im Kloster Camaldoli inmitten dichter Kastanienwälder kann man die in der Klosterbrauerei destillierten Kräuterschnäpse erstehen. In der alten Universitäts- und Hauptstadt Perugia werden die süßen Baci, Schokopralinen, hergestellt. An lokalen Festtagen hat jeder Ort sein eigenes Gebäck. Originell als Andenken: Aus den weitgeschwungenen Hörnern der märkischen Rinderrasse Mucca Chientina werden in Recanati Bestecke, Taschenmesser, Kämme und Spangen aus Horn hergestellt.

Schweinernes und Getrüffeltes

Umbrien stützt seine Küchentradition auf Schweinefleisch. Grundlage der Schweinezucht sind Eicheln. Verbreitet ist auch Lamm, Kalbfleisch, Geflügel, das mit Walnüssen aufgezogen wird, und Wildtauben sowie Fisch aus dem Trasimenischen See. Eine besondere Köstlichkeit sind die schwarzen Trüffel aus Norcia, der Heimat des heiligen Benedikt von Nursia. Zwischen November und März machen sich die kleinen schwarzen Schweine auf die Suche nach den wertvollen Knollen. Berühmt sind in beiden Regionen die Porchetta, Spanferkel am Spieß gebraten, mit Fenchel, Knoblauch, Rosmarin und Lorbeer gefüllt, und mit Koriander und Muskatnuß gewürzt. Norcia in Umbrien und Macerata in den Marken produzieren Delikatessen aus Schweinefleisch: Cotechino, Schweinekochwurst, Capocollo umbro, in Wein marinierte, luftgetrocknete Schweinelende, Coppa marchigiana, mit Mandeln, Pinienkernen und Orangenschale aromatisierte Schweinswurst, und die gepfefferte Salami di Montefeltro. Entlang der Adriatischen Küste zwischen Ancona und Termoli werden delikate Fische gefangen. Brodetto, eine dicke Fischsuppe mit Safran und Wildkräutern, gibt es in vielen Variationen. Ascoli Piceno ist bekannt für Olive farcite, große mit einer Fleischfarce gefüllte fritierte Oliven.

Orvieto und Verdicchio

Der berühmteste umbrische Wein ist der Orvieto, der rings um die gleichnamige Stadt mit ihrer prunkvollen Domfassade gedeiht. Colli del Trasimeno Bianco und der granatrote Rosso kommen vom Trasimenischen See. Märkische Weine sind der weiße Verdicchio, die beste Lage wächst bei Iesi, sowie der Bianco und Rosso Piceno. An den steilen Hängen des Monte Conero gedeiht ein dunkler, voller Rotwein, Rosso del Conero. Leicht moussierend ist der rote Vernaccia di Serrapetrona, delikat der Sangiovese dei Colli Pesaresi.

Zentrum der mittelalterlichen Stadt Orvieto ist der Dom mit seinem eindrucksvollen Portal.

Würste und Schinken sind weit über die Grenzen Umbriens hinaus geschätzt, besonders Parmaschinken und Pancetta.

Abruzzen und Molise

Berge, Meer und alte Städte

Die Region Abruzzen im östlichen Mittelitalien grenzt ans Adriatische Meer, das nur einige Hügelzüge vom alpinen Gebirge entfernt liegt. Zwischen der Adria und dem Gran Sasso, dem höchsten, meist schneebedeckten Gipfel des Apennin, findet man eine fast unberührte Natur in ausgedehnten, einsamen Wäldern. Im Naturreservat des Parco Nazionale d'Abruzzo im Süden der Provinz haben sich seltene Tierarten erhalten: Braunbären, Füchse, Gemsen, Königsadler, Schneehühner, Wildkatzen und sogar Wölfe. Uralte Bergstädtchen mit mittelalterlichem Charakter kleben an den schroffen Steilhängen des Apennin. Molise, eine ganz ursprüngliche Provinz gilt heute noch als Stiefkind Italiens. Sanft gewellte Hügel wechseln sich mit den hohen Matese- und Maiella-Gipfeln ab. Weit reicht der Blick über diesen schönen, fast vergessenen Landstrich: Vereinzelt stehen Kiefern, Steineichen, Zypressen, Oliven-, Obst- und Nußbäume inmitten der immergrünen Macchia. Durch die harten geographischen Bedingungen sind die alten Kulturlandschaften weitgehend von fremden Einflüssen verschont geblieben. Sie spielten auch in der Geschichte Italiens keine wesentliche Rolle.

Herzlich, tüchtig und zäh

Die Menschen in den Abruzzen sind von einer schlichten Herzlichkeit. Dagegen gelten die Molisaner als zäh, aber pfiffig. Beide Völker stammen von den bäuerlichen Samniten ab. Die Lebensformen der ländlichen Bevölkerung blieben jahrhundertelang dieselben. Auch heute lebt man hier noch sehr bescheiden. Schafzucht und Landwirtschaft auf kargen Böden sind die einzigen Reichtümer dieser armen Region.

Archaische Bräuche

In zahllosen Festen feiert man, was die Natur und die mühevolle Arbeit des Bauern hervorbringt: Ferkelfeste, Käsefeste mit Wettrollen, Artischockenfeste und Fischfeste. Das eindrucksvollste Ereignis findet alljährlich am 1. Donnerstag im Mai in Cocullo statt: die Processione dei serpari. Der heilige Domenico, umwunden von lebendigen Schlangen, wird durch die Straßen getragen, gefolgt von einer Prozession schlangenbeschwörender Schäfer. Nur an diesem Festtag gibt es in den Bäckereien Cervone und Serpente dolce, schlangenförmiges Gebäck. Am Pfingstmontag reitet in Loreto Aprutino ein Kind in Engelskleidern den Pfingstochsen vor die Kirche. Am 28./29. Juni werden anläßlich der Zwiebelmesse in Isernia kunstvoll geflochtene Zwiebel- und Knoblauchzöpfe verkauft. Die Molisaner toben sich in Montenero Valcocchiara in den Bergen nordlich von Isernia auf dem Rücken ungezähmter Pferde am 1. Sonntag nach dem 15. August bei einem richtigen Rodeo aus.

Herzhafte Aquisitionen

In den Abruzzen trifft man auf kleine Gehöfte mit der Aufschrift Caseifici, Käsefabriken, wo es Mozzarella d' Abruzzo in kleinen Kugeln ganz frisch gibt. Diese Köstlichkeiten sind

zwar nicht sehr lange haltbar, aber der Kauf lohnt sich wirklich. Oft werden in diesem Gebiet auch kleine Schweinswürstchen, Salamini, angeboten, bei denen Sie unbedingt zugreifen sollten.

Scharf gewürzte Erzeugnisse

Die Freude am Essen haben die Menschen trotz jahrhundertealter Armut nicht verloren. Die Küche ist bodenständig, deftig – man kocht mit Schweineschmalz – und höllisch scharf. Nicht umsonst nennt man die großzügig verwendeten Peperoncini in dieser Gegend Diavoletti, Teufelchen. Die Schweine, die in den Bergen gehalten werden, liefern das Fleisch für Prosciutto crudo, rohen luftgetrockneten Schinken, für Pancetta, geräucherten Schweinebauch, für Coppa, geräucherten Halsgrat und für viele Wurstsorten. Fegato pazzo heißt die mit Peperoncino gewürzte Leberwurst, Fegato dolce die mit Honig, Pistazien

Die Monte Sibellini, eine Bergkette des Apennin, sind bei uns wenig bekannt. Die sanft gewellten »blauen Berge« verlocken mit unberührter Natur und verträumten Hochplateaus.

und Orangeat gewürzte Variante. Porchetta, Spanferkel ist hier sehr würzig und deftig. Lamm wird in allen erdenklichen Varianten angeboten. Brodetto, Fischsuppe, würzt man mit Safran aus l'Aquila, der Hauptstadt der Abruzzen. In jedem Restaurant der Abruzzen gibt es Maccheroni alla chitarra, hausgemachte Spaghetti aus Teigplatten, die durch einen gitarrenähnlichen Holzrahmen mit eng gespannten Drähten gedrückt werden. Die Schafmilch ist die Basis für Ricotta, Mozzarella, Scamorza, den es frisch und geräuchert gibt, und Pecorino. Schon Gabriele D'Annunzio, der aus Pescara stammte, sagte über den berühmten Käse: »Der ganze Geschmack der Maiella entfaltet sich in unserem Pecorino.«

Ein anständiger Tropfen

Montepulciano- und Trebbiano-Trauben gedeihen in beiden Regionen. Es sind

Das harte Brot des Alltags prägt die heiteren Gesichter der Bauern in Molise.

kraftvolle, ordentliche Weine. Der klassische rote Montepulciano kommt aus den Abruzzen. Trebbiano ist ein leicht prickelnder, trockener Weißwein, der jung getrunken wird, Cerasuolo d'Abruzzo ein süffiger Rosé. Ein hochprozentiger Likör namens Centerbe, aus hundert Kräutern gebraut, hält Leib und Seele zusammen.

Oase der Ruhe mitten im hektischen Neapel: Majolika-Kreuzgang von Santa Chiara. Ein Mönch ist in sein Buch vertieft.

Latium und Kampanien

Die Zentren Rom und Neapel

Latium grenzt mit seinem fruchtbaren Küstenstrich ans Tyrrhenische Meer. Sein hügeliges Binnenland ist mit saftigen Weiden und mit Olivenhainen durchsetzt. Die vulkanischen Gebirgszüge des Apennin, zahlreiche Seen und Thermalbäder laden zum Erholen ein. Rom, die Hauptstadt Italiens, hat aus seiner Kunst zu improvisieren eine eigene kulinarische Tradition entwickelt. Die Gerichte alla romana sind einfach, aber raffiniert, dabei herzhaft und stark gewürzt. Die römische Küche ist ebenso bunt gemischt wie die Menschen, die aus allen Provinzen stammen. Die landwirtschaftlichen Produkte für die große Konsumstadt liefert ihre Provinz Latium, die bekannt ist für aromareiches Gemüse. Kampanien mit dem Golf von Neapel, der amalfitanischen Küste, den Inseln Ischia, Capri, Procida und der Halbinsel Sorrent gilt als Inbegriff des sonnigen Südens. Schon die antike Stadt Pompeji lebte vor dem historisch gewordenen Vesuvausbruch von Getreide, Gemüse, Obst, Wein und Oliven. Zu den Schätzen des Meeres gehören Aal, Meerbarbe, Schwertfisch, Sardinen und Sardellen. Auf den Weiden sieht man noch Büffelkühe, aus deren Milch der rahmweiße Mozzarella di bufala gemacht wird. Kampanien ist die Heimat der Mangiamaccheroni, der Makkaroniesser, unbeschwerter Menschen, die gerne reden, lachen und die ursprünglichen Dinge genießen. Die Hauptstadt Neapel ist das kulinarische und wirtschaftliche Zentrum von Süditalien.

Im Wechsel der Jahreszeiten

Jedes Fest hat in Latium seine Spezia-

lität: Lamm und Zicklein ißt man zu Ostern, gefülltes Spanferkel am Spieß gibt es Mitte Juli bei der Festa de Noantri im römischen Stadtteil Trastevere, gefüllten Kapaun zu Weihnachten und Linsen mit Cotechino (Schweinekochwurst) an Neujahr.
Auf der Piazza Navona in Rom findet zwischen Weihnachten und dem 6. Januar ein Spielzeugmarkt für Kinder statt mit allerlei süßen Schleckereien.
Tiefe Frömmigkeit und Aberglaube mischen sich bei den Festen zu Ehren der unzähligen Schutzpatrone und Heiligen. Nach dem Gebet folgt das Vergnügen: Es wird gegessen, getrunken, die Tarantella getanzt und gesungen.

Lukullusküche, Pizza und Pasta

Die Urrömer zauberten aus den billigsten Fleischteilen, den Innereien und den Kräutern, die man auf den Wiesen fand, Lukullusgerichte. In der Renaissance entwickelte sich in Rom eine reiche Kochtradition, die in opulenten Banketten gepflegt wurde. Heute essen die Römer hausgemachte Bandnudeln namens Fettuccine al burro, mit sehr viel Butter und fettem Parmesan. Köstlich sind die mit Fleischfarce gefüllten Cannelloni, berühmt die Spaghetti alla carbonara. Penne all'arrabbiata, Nudeln mit scharfen roten Chilischoten, regen den Appetit an. Eine besondere Spezialität sind Saltimbocca alla romana, dünne Kalbsschnitzel mit Salbei. Gebraten wird mit Schweineschmalz oder Speck. Das Markenzeichen Neapels ist die Pizza napoletana. Unverfälscht in Kampanien sind auch die Pastagerichte aus Hartweizen. Aus Olivenöl, Zwiebeln, Basilikum, Petersilie und sonnengereiften Tomaten besteht die Sauce für Makkaroni, Rigatoni, Penne, Spaghetti. An der Küste serviert man Miesmuscheln, Venusmuscheln und Tintenfische in der allgegenwärtigen Tomatensauce. Das knusprig gebackene Fritto misto del golfo ist ein köstliches Fischgericht. Die Spezialität von Ischia ist Coniglio alla cacciatora, Kaninchen auf Jägerart, wofür das Kaninchen zuvor mit Weinlaub und Traubenkernen gemästet wird.

Wein der alten Römer

Auf der fruchtbaren Vulkanerde Latiums »wächst« trockener Weißwein: Castelli Romani, wie Frascati, Marino oder Colli Albani. Der legendäre Est! Est!! Est!!! kommt aus Montefiascone. Feiner sind die Rotweine, z. B. Torre Ercolano. Den Falerno hat schon Horaz gepriesen. Cecubo war der bevorzugte Wein von Tiberius und Nero.
Kampanien ist kein Land großer Weine. An Weißweinen trinkt man den Lacrima Christi del Vesuvio von den Hängen des Vesuvs, Greco di Tufo, Capri, Ischia und Ravello Bianco. Angenehm mild sind die Rotweine Gragnano oder Solopaca.

In den winkligen Gassen von Neapel flattert auch heute noch die Wäsche.

Der Petersplatz in Rom beeindruckt durch die dichten Kolonnaden des Bernini. Eine Schar von 140 Heiligen blickt auf die Besucher des Petersdoms hinab.

Die einfache ländliche Küche Kalabriens beruht auf der Qualität ihrer Zutaten wie z. B. getrockneten Tomaten, würzigem Tomatenmark, Gewürzen, Peperoncini und schwarzen Oliven.

Apulien, Kalabrien und Basilicata

Die drei Regionen im südlichsten Teil des italienischen Stiefels sind ebenso geprägt von der Geschichte ihrer Einwanderer und Eroberer wie von den geographischen Gegebenheiten. Süditalien bietet 1500 km Küste, barocke Städte mit romanischen Kathedralen, schneeweiße Orte auf apulischen Hügeln und steingraue Dörfer im kalabresischen Bergland. Die Glanzlichter sind das Jagdschloß Friedrichs II., Castel del Monte, die zauberhafte Trulli-Stadt Alberobello, die weißen Kreidefelsen des Gargano und die gespenstig beeindruckende Höhlenstadt Matera. In den fruchtbaren Ebenen Apuliens gedeihen Weizen, Gemüse, Obst, Reben und Oliven. In Kalabrien wachsen Artischocken, Auberginen, Tomaten und Zitrusfrüchte. In der gebirgigen Basilicata ringen auf kleinen Parzellen die Menschen dem kargen Boden ab, was sie zum Leben brauchen: Getreide, Gemüse, Hülsenfrüchte und Oliven.

Erbe der Eroberer

In der Zusammensetzung der Bevölkerung zeigt sich die Palette der Einwanderer und Eroberer seit der Antike. Es gibt blauäugige Normannen, dunkle Gesichter mit arabischem oder orientalischem Einschlag, stolze Spanier, aristokratische Griechen und slawische Typen. Die fleißigen Pugliesen leben in bescheidenem Wohlstand. Fremden begegnen sie höflich, aber distanziert. Die herzlichen Kalabresen und Lukanier waren trotz härtester Arbeit stets arm. Als Gastgeber erweisen sich die wortkargen Menschen um so großzügiger.

Die blendend weiße Trullistadt Alberobello liegt im Herzen Apuliens zwischen Monopoli und Martina Franca.

Frugale und sakrale Feste

In Apulien und Kalabrien ehrt man den heiligen Antonius als Patron der Schweinezüchter. An seinem Namenstag am 17. Januar wird ein großes Schlachtfest gefeiert. Im Juni begeht man in Bagnara bei Reggio Calabria das Schwertfischfest. Während der Karwoche findet in Tarent eine Prozession von weißgekleideten Kapuzenmännern statt. In Bari zieht man fünf Tage lang im Mai ein Schiff auf Rädern durch die Stadt zum Gedenken an den Raub der Gebeine des heiligen Nikolaus. An Fronleichnam steigt der Erzbischof von Brindisi in prächtigem Ornat aufs Pferd und reitet mit großem Gefolge durch die Stadt.

Bauern- und Fischerküche

Die Kochtradition der drei Regionen basiert auf Hartweizen und Oliven, dem zweiten Grundnahrungsmittel. Verbreitet sind die schwarzen Olive baresane, die in Salzlake konserviert werden. Dazu ißt man ein hartkrustiges safrangefärbtes Brot oder Foccacia, Brotfladen mit eingebackenen Oliven, Knoblauchstücken oder getrockneten Tomaten. Leicht bitter schmeckende

Zwiebeln namens Lampasciuni werden sauer eingelegt und als Vorspeise gereicht. Auf den Tisch kommen hausgemachte Teigwaren wie Orecchiette, ohrförmige Hartweizengrießnudeln, Strascenate, quadratische Nudeln, oder Fusilli, Spiralnudeln mit Gemüsemischungen, Fleisch- oder Fischragout. Es gibt vorwiegend Lamm, Schwein, Geflügel und Kaninchen, seltener Rindfleisch. Wildgemüse oder -kräuter verleihen manchen Gerichten eine besondere Note. So ist das geschmorte, mit wildwachsenden Kräutern gewürzte Milchlamm eine besondere Delikatesse. Die Kartoffelpizza Pizzette di patate ißt man gerne in Apulien. Das Adriatische und Ionische Meer ist reich an Fisch, Krusten- und Schaltieren. Gratinierte Miesmuscheln gelten als Spezialität in Tarent. Ein kulinarischer Hochgenuß sind Seeigel aus Bari, die man wie Austern schlürft. Im Inneren Kalabriens haben auch Wildgerichte Tradition. Süditalien ist die Heimat berühmter Käsesorten: Der Mozzarella aus Büffelmilch aus Apulien gilt als der beste in ganz Italien. Der Provola aus Kuhmilch ist kugelförmig. Es gibt ihn wie den Scamorza aus Büffelmilch frisch, gereift und geräuchert. Der Caciocavallo, der zum Reifen aufgehängt wird, sieht aus wie eine Birne. Provolone besteht aus Ziegen-, Schaf- oder Kuhmilch. Frischkäse aus Schafmilch wird als Ricotta fresca (frisch) oder forte (pikant) angeboten.

»Weinkeller Italiens«

Gute Weißweine in Apulien gibt es als Castel del Monte, Locorotondo, Martina Franca, Moscato aus Trani und San Severo. Geschätzt werden auch die Rosé- und Rotweine Copertino aus dem Salento und der hochprozentige Primitivo aus Bari. Zu den berühmtesten Gewächsen aus Kalabrien zählt der Cirò, den es in drei Farben gibt. Aus der Basilicata stammen die roten Spitzenweine Aglianico del Vulture und Aglianico.

Krone Apuliens: Der deutsche Staufer-kaiser Friedrich II., auch »Mann aus Apulien« genannt, erbaute 1240 das unvergleichliche Castel del Monte.

Im herben sardischen Hinterland in der Gegend von Sassari: kahle Granitfelsen, braune Felder und magere Weiden für zahllose Schafherden.

Sizilien und Sardinien

Die Speisekarte der Inseln Sizilien und Sardinien ist von kulturellen Einflüssen und von der Geographie geschrieben worden. Die Ursprünge der italienischen Küche sind zum Teil auf diesen beiden Inseln zu suchen. Die Sizilianer erforschten die Kochkunst der griechischen Eroberer, die Sarden haben in phönizische Kochtöpfe geschaut. Arabische, afrikanische, sarazenische, römische und normannische Invasoren hinterließen ihre kulinarischen und ethnischen Spuren. Beide Inseln waren immer isoliert vom Mutterland und entwickelten sich grundverschieden. Sizilien ist die größte Insel des Mittelmeeres mit Zeugnissen griechischer, römischer und normannischer Kunst. Der Ätna, Europas größter noch tätiger Vulkan, spuckt immer wieder glühende Lava aus. Auf der gebirgigen Insel gedeiht an den Küsten eine üppige Vegetation. Schon in der Antike war Sizilien die Kornkammer der Römer. Heute lebt fast die Hälfte der Sizilianer von der Landwirtschaft. Die historisch bedingte Mischung vieler Völkerstämme zeigt sich auch in den Menschentypen: hellhäutige Blonde sind ebenso anzutreffen wie Schwarzhaarige mit arabischen Zügen. Einzigartig in Sardinien sind die Zeugnisse der Nuragenkultur: steinerne Rundtürme aus der Vorzeit, die archaisch und grau in den blauen Himmel ragen. Die felsige Insel der Hirten und Bauern lebt von dem, was der Boden hergibt. Dieser besteht zum größten Teil aus Weideland. Thun- und Schwertfischfang spielt zwar wie in Sizilien eine große Rolle, aber der Haupterwerb kommt aus der Viehzucht. Sardinien stellt fast ein Drittel der Schafherden Italiens. Die stolzen Sarden sind noch stark ihren traditionellen Sitten und Gebräuchen verhaftet. In fast jedem Dorf spricht man einen anderen Dialekt.

Hochzeiten und alte Bräuche

In Sizilien feiert man im Februar in Agrigento die Mandelblüte. Bei Hochzeiten in Sizilien bewirft man das Brautpaar mit Zuckermandeln als Zeichen der Fruchtbarkeit. Am 29. Juni, dem Patronatstag von St. Petrus, wird in allen Fischerorten auf der Straße gebrutzelt. An Allerseelen erhalten sizilianische Kinder ein Gebäck namens Ossi di morti, Totenknochen. Auf Sardinien findet in Sedilo Anfang Juni ein Pferderennen statt, die Ardia. Aritzo feiert Ende Oktober ein Kastanien- und Haselnußfest.

Kulinarische Traditionen aus Orient und Okzident

Die Küche Siziliens stützt sich auf einheimische Produkte. Man ißt wenig Fleisch, das meiste in Form von

geräucherter Wurst aus Kaninchen- oder Schweinefleisch. Berühmte Gerichte sind Pasta con le sarde und Caponata. Arancini heißen die gefüllten ausgebackenen Reisbällchen in Orangengröße, daher der Name.
Die Araber brachten Reis, Gewürze, Zitrusfrüchte und Zucker ins Land. Es entstanden Süßspeisen, die Weltruf erlangt haben. Die Cassata, ein Hochzeitskuchen, ist ebenso als Eisspezialität bekannt. Cannoli heißen die knusprigen Teigröllchen mit Quarkfüllung. Schöne Mitbringsel aus Sizilien sind die Frutti di Martorana, dekorative Früchte aus Marzipan.
Die sardische Küche ist einfach, herzhaft und archaisch. Brot nimmt den größten Stellenwert ein. Es gibt frisches Brot in riesigen Laiben oder papierdünne Brotfladen, die Carta di musica, Notenblätter, heißen. Beliebt sind Suppen, die eher Eintöpfen gleichen, mit Gemüse aus dem Garten. Zimt, Muskatnuß, wilder Fenchel, Myrte, Rosmarin, Thymian, Lorbeer und Salbei zählen zu den bevorzugten Gewürzen. Traditionell brät man Lämmer, Spanferkel, Wild und Zicklein am Spieß über offenem Feuer aus Wacholder- oder Olivenholz.
Sardiniens Käseprodukte bestehen aus Schafmilch. Den Pecorino sardo gibt es in allen Reifegraden.

Schwere Rotweine und Dessertweine

Die Auswahl an guten Tropfen ist groß. Unter den besten Weißweinen Siziliens rangieren Regaleali, Corvo Bianco, Rapitalà, Etna Bianco und Mamertino, Cäsars Lieblingsgetränk. Auf der fruchtbaren schwarzen Vulkanerde gedeihen ausgezeichnete Rotweine: Etna und Cerasuolo. Marsala ist ein berühmter Dessertwein. Sardische Weißweine sind stark und ähneln oft einem Sherry: Nugarus di Cagliari, Oliena, Vernaccia di Oristano. Die Rotweine sind schwer und voll: Cannonau und Malvasia aus verschiedenen Regionen.

Die sieben dorischen Tempel von Selinunt an der Südküste Siziliens erinnern an die griechische Blütezeit.

Der ganze Reichtum an Fisch und Meeresfrüchten präsentiert sich auf einem Markt in Sizilien (Bild links).

ANTIPASTI

So heißen in Italien die Vorspeisen. In ihrer Zubereitung entfalten die Italiener große Kreativität. Kleine Köstlichkeiten wie Olive piccanti können Sie zum Aperitif reichen. Insalata di frutti di mare oder Carpaccio mit hauchfein gehobelten Parmesanspänen sind ein edler Auftakt zu einem festlichen Essen. Üppige Vorspeisen können aber genauso für sich allein bestehen, so »mundet« eine knusprige Pizza auch solo. Manche Antipasti schmecken auch als Beilage wie etwa Insalata di funghi oder Peperoni all'olio. Antipasto assortiti ist eine gemischte Vorspeise, auf einem Teller angerichtet – jeder kennt sie vom »Italiener um die Ecke«. Künstler sind die Italiener vor allem im Herstellen von Wurstwaren: Salami, Mortadella, Parma- oder San-Daniele-Schinken gehören zum festen Bestandteil eines Antipasto classico, das Sie je nach Jahreszeit mit eingelegten Artischocken, mit Feigen, Melonen, Oliven oder Pilzen anreichern können. Auch Crostini vari, geröstetes Weißbrot mit Leberpaste, Thunfisch oder Pilzen ist ein beliebtes Antipasto. Gemüse der Saison kommt als Vorspeise und als Beilage auf den Tisch. Rezepte dazu finden Sie im Kapitel Contorni.

In vielen Restaurants bringt der Kellner den Gästen eine Auswahl köstlicher Antipasti an den Tisch, während sie die Speisekarte studieren.

Peperoni all'olio

Marinierte Paprikaschoten

Aus dem Piemont · Pikant

Zutaten für 4 Portionen:
2 grüne, 1 rote, 1 gelbe Paprikaschote
1 Bund Petersilie
2 Knoblauchzehen
nach Belieben 1 kleine Chilischote
Salz
200 ml Olivenöl, kaltgepreßt

Zubereitungszeit: 30 Min.
(+ 1 Std. Kühlen)

Pro Portion: 2100 kJ/500 kcal

1 Grill einstellen oder Backofen auf 250° (Gas Stufe 5) vorheizen.

2 Paprikaschoten waschen, trockenreiben und auf den Grill oder im Backofen auf den Rost legen. Paprikaschoten 10–12 Min. rösten, bis die Schale leicht verbrannt ist und Blasen wirft. Schoten aus dem Ofen nehmen und heiß in eine Glasschüssel mit Deckel legen, damit sich durch die Dampfeinwirkung die Paprika nach dem Abkühlen besser häuten lassen.

3 Petersilie waschen, trockenschütteln und fein hacken. Knoblauch schälen und ebenfalls fein hacken. Nach Belieben Chilischote längs aufschlitzen, von den Kernen befreien und in feine Streifen schneiden. Chilistreifen und etwas Salz mit 2 EL Olivenöl mischen.

4 Paprika aus der Glasschüssel herausnehmen und die Haut mit einem Schälmesser abziehen. Schoten halbieren, Kerne und Rippen entfernen. Innen gut abtrocknen.

5 Paprikaschoten in ½ cm dicke Streifen schneiden und nach Farben getrennt auf einer Platte anrichten. Mit Knoblauch bestreuen und restlichem Olivenöl übergießen, gehackte Petersilie darüber verteilen, und eventuell noch mit Salz abschmecken. Eingelegte Chilistreifen nach Belieben daruntermischen oder dazu reichen.

Olivenöl

Die besten Ernten gibt der Olivenbaum im Alter von 25–100 Jahren. Bei der Olivenernte zwischen Anfang November und Februar werden je nach Region grüne und schwarze, reife Oliven von den Ästen geschüttelt oder geschlagen und in Fangnetzen gesammelt oder von Hand gepflückt. Die früh geernteten grünen Oliven ergeben Öle der Extraklasse. Das Zermahlen der Oliven geschieht in einer einzigen kalten Pressung (daher die Bezeichnung »kaltgepreßt«). Aus dem Olivenbrei wird Olivenöl gewonnen, das je nach Anbaugebiet, Art der Frucht, Jahrgang und Reifegrad einen eigenen Charakter hat. Farbe, Geruch, Geschmack und Konsistenz sind weitere Qualitätsmerkmale. Die Farbe eines Öls sagt aber nichts über seinen Geschmack aus. Ganz junges Öl leuchtet saftig grün. Ältere Öle nehmen gold- bis zartgelbe Farbtöne an. Man unterscheidet drei Kategorien: Das hochwertige »Native Olivenöl extra«, das etwas weniger edle »Native Olivenöl« und »Olivenöl«. Diese minderste Qualität ist eine Mischung aus raffiniertem mit nativem Öl. Spitzenöle sind reich an einfach ungesättigten Fettsäuren, an Mineralstoffen, Spurenelementen und an Vitamin E. Stets dunkel bei 10–16° lagern.

Oliven werden in Netzen geerntet.

Carpaccio del Cipriani

Aus Venedig · Gelingt leicht

Mariniertes rohes Rinderfilet

Zutaten für 4 Portionen:
200 g Rinderfilet (evtl. schon vom Metzger in hauchdünne Scheiben schneiden lassen)
8 EL Olivenöl, kaltgepreßt
Saft von 2 Zitronen
100 g frische Steinpilze oder Egerlinge
50 g Parmesan am Stück · Salz
weißer Pfeffer aus der Mühle
½ Bund Petersilie

Zubereitungszeit: 20 Min. (+ 1 Std. Anfrieren, + 15 Min. Marinieren)

Pro Portion: 1200 kJ/290 kcal

1 Rohes Rinderfilet am Stück in Frischhaltefolie einwickeln, ins Tiefkühlfach legen und kurz anfrieren lassen (1 Std.).

2 Filet mit einem sehr scharfen Messer hauchdünn aufschneiden. Scheiben auf einen Servierteller verteilen, mit 4 EL Olivenöl und dem Saft von 1 Zitrone beträufeln, bedeckt etwa 15 Min. marinieren lassen.

3 Pilze putzen und kurz waschen, gut abtropfen lassen, in dünne Scheiben schneiden und über das Fleisch verteilen. Den Parmesan in feine Scheibchen hobeln und über das Fleisch geben.

4 Mit Salz und grobem Pfeffer würzen und das Carpaccio mit dem Saft von 1 Zitrone und 4 EL Olivenöl übergießen. Petersilie waschen, trockenschütteln, Blättchen abzupfen und über das Carpaccio streuen. Olivenöl und Salz auf den Tisch stellen, damit jeder nach Gusto nachwürzen kann. Dazu reicht man Weißbrot.

Wein: Ein leichter frischer Weißwein, z.B. ein Franciacorta Bianco aus der Lombardei schmeckt gut dazu.

Insalata di funghi

Aus Umbrien · Ganz leicht

Pilzsalat

Zutaten für 4 Portionen:
600 g frische Champignons (oder Egerlinge)
Saft von 2 Zitronen
Salz
1 Lorbeerblatt
100 ml Olivenöl, kaltgepreßt
weißer Pfeffer aus der Mühle
1 Bund Petersilie
1 Knoblauchzehe
nach Belieben 1 Chilischote

Zubereitungszeit: 30 Min. (+ 2 Std. Marinieren)

Pro Portion: 1100 kJ/260 kcal

1 Pilze putzen, kurz überbrausen, gut abtropfen lassen. 1 l Wasser mit dem Saft einer Zitrone und etwas Salz in einem Topf zum Kochen bringen. Pilze mit Lorbeerblatt darin etwa 5 Min. sprudelnd kochen lassen.

2 Pilze auf einem Küchentuch gut abtropfen lassen, mit Küchenpapier trockentupfen, in etwa ½ cm dicke Scheiben schneiden und in eine Servierschüssel geben. Olivenöl und Saft von 1 Zitrone darüber gießen. Mit Salz und Pfeffer abschmecken.

3 Petersilie waschen, trockentupfen und fein hacken. Knoblauch schälen und in Scheibchen schneiden. Nach Belieben Chilischote längs aufschlitzen, von den Kernen befreien und in feine Streifen schneiden. Alles unter die Pilze mischen.

4 Pilzsalat an einem kühlen Platz (nicht im Kühlschrank!) mindestens 2 Std. marinieren lassen. Am nächsten Tag schmeckt er noch besser.

Wein: Ein leichter Prosecco Frizzante aus Venetien schmeckt gut dazu.

Variante: Funghi sul crostini
(Pilze auf Weißbrot)
8 Scheiben Weißbrot (2 cm dick) auf einem Backblech verteilen. Jeweils 1 EL Pilzsalat auf die Brotscheiben geben. Im vorgeheizten Backofen bei 200° (Gas Stufe 3) etwa 10 Min. backen.

Crostini di fegato di pollo

Aus der Toskana · Für Gäste

Geröstetes Weißbrot mit Hühnerlebercreme

Zutaten für 4 Portionen:
8 frische Hühnerlebern
1 mittelgroße Zwiebel
1 Möhre
1 Stange Bleichsellerie
2 Bund Petersilie
1 Knoblauchzehe
2 EL Butter
5 EL Olivenöl, kaltgepreßt
⅛ l trockener Vin Santo oder Weißwein
Salz
schwarzer Pfeffer aus der Mühle
Saft von 1 Zitrone
1 EL Kapern
1 TL Sardellenpaste
⅛ l Fleischbrühe
12 Scheiben toskanisches Weißbrot oder Baguette

Zubereitungszeit: 1 ½ Std.

Pro Portion: 1900 kJ/450 kcal

1 Hühnerlebern sorgfältig putzen, waschen, trockentupfen. Zwiebel schälen und hacken, Gemüse putzen und klein schneiden. Petersilie waschen und trockenschütteln. 1 Bund mit dem geschälten Knoblauch sehr fein hacken.

2 In einer Pfanne 1 EL Butter mit 1 EL Olivenöl erhitzen. Zwiebeln und Gemüse anschmoren. Hühnerlebern dazugeben, kurz anbraten, die Hälfte des Vin Santo angießen und verdampfen lassen. Das Ganze zugedeckt bei mittlerer Hitze etwa 15 Min. ziehen lassen. Salzen und pfeffern. Gehackte Petersilie, Knoblauch und Saft von 1 Zitrone hinzufügen.

3 Backofen auf 200° (Gas Stufe 3) vorheizen. Hühnerlebermischung mit 1 TL Kapern im Mixer pürieren. Die Masse zusammen mit der Sardellenpaste zurück in die Pfanne geben. 1 EL Butter hinzufügen und zugedeckt etwa 5 Min. leicht köcheln lassen. Ab und zu mit Fleischbrühe und mit dem übrigen Vin Santo begießen. Die Masse darf nicht zu flüssig sein.

4 Weißbrotscheiben auf einem Backblech verteilen, mit dem übrigen Olivenöl beträufeln und im Backofen (oben) 4–5 Min. goldbraun rösten. Die Scheiben mit der Leberpaste bestreichen. Mit Kapern und gezupften Petersilieblättern dekorieren. Heiß servieren.

Wein: Ein gut gelagerter granatroter Chianti Classico, z. B. ein anspruchsvoller Coltibuono aus der Toskana, schmeckt gut dazu.

Variante: Crostini al tonno
(Crostini mit Thunfisch)
Statt Hühnerlebern können Sie die gerösteten Weißbrotscheiben mit einer frischen Thunfischpaste bestreichen, die aus 100 g Butter und 150 g Thunfisch ohne Öl besteht. Sie können die Masse mit 1 TL Sardellenpaste abschmecken. Die bestrichenen Brotscheiben mit 2 TL Kapern und ½ Bund gezupfter Petersilie belegen und mit Zitronenscheiben dekorieren. Dazu schmeckt ein frischer Weißwein, wie etwa ein Tocai aus Friaul.

Capper

Mozzarella e pomodori

Aus Neapel · Ganz einfach

Mozzarella mit Tomaten

Zutaten für 4 Portionen:
4 feste, aber reife Fleischtomaten
250 g Mozzarella aus Büffelmilch oder Mozzarella aus Kuhmilch
Salz
1 TL getrockneter Oregano
1 Bund Basilikum
schwarzer Pfeffer aus der Mühle
1 TL Kapern
8 schwarze Oliven
4 EL Olivenöl, kaltgepreßt

Zubereitungszeit: 10 Min.

Pro Portion: 1200 kJ/290 kcal

1 Tomaten waschen und in etwa ½ cm dicke Scheiben schneiden. Die Stengelansätze entfernen. Mozzarella gut abtropfen lassen und ebenfalls in dünne Scheiben schneiden.

2 Tomaten- und Mozzarellascheiben auf einer großen flachen Servierplatte abwechselnd schuppenartig anordnen. Mit Salz würzen und mit Oregano bestreuen.

3 Basilikum waschen, abtropfen lassen und die abgezupften Blätter über den Käse und den Tomaten verteilen. Pfeffer darüber mahlen.

4 Das Antipasto mit Kapern und Oliven garnieren und Olivenöl darüber träufeln. Sofort servieren, dazu Weißbrot reichen.

Variante: Mozzarella al forno
(Überbackener Mozzarella)
1 Mozzarellakugel in Scheiben schneiden und jeweils 1 Scheibe Mozzarella auf 1 Scheibe Weißbrot legen. Den Käse salzen und pfeffern. Mit Oregano würzen. Gutes Olivenöl darüber träufeln. Im vorgeheizten Backofen bei 200° (Gas Stufe 3) 6–8 Min. backen, bis der Käse zu schmelzen anfängt. Heiß als Vorspeise oder als Brotzeit servieren.

Info: Mozzarella aus Büffelmilch hat einen kräftigeren Geschmack als der Mozzarella Fior di latte aus Kuhmilch, der normalerweise in kleinerer Form hergestellt wird und milder und sahniger schmeckt.

Olive piccanti

Aus Sizilien · Schnell

Marinierte Oliven

Zutaten für 4 Portionen:
250 g schwarze Oliven
1 Stange Bleichsellerie
2 Knoblauchzehen
3 Schalotten oder Frühlingszwiebeln
1 frische Chilischote
5 EL Olivenöl, kaltgepreßt

Zubereitungszeit: 10 Min.

Pro Portion: 1400 kJ/330 kcal

1 Die Oliven mit Küchenpapier gut abtrocknen und in eine Schüssel geben.

2 Grüne unansehnliche Blätter des Bleichselleries abtrennen, die Stange waschen, entfasern, auf etwa 10 cm Länge kürzen und in ½ cm breite Stücke schneiden. Knoblauchzehen schälen und fein hacken. Schalotten oder Frühlingszwiebeln schälen und in feine Ringe schneiden. Stielansatz der Chilischote abbrechen und die Schote abbrausen. Die Schote mit einem scharfen Messer längs halbieren, die Samen herausschaben, die Rippen entfernen und die Schotenhälften in Streifen schneiden.

3 Gemüse, Knoblauch und Zwiebeln mit den Oliven mischen.

4 Chilistreifen über den Oliven verteilen. Alles mit Olivenöl begießen.

Wein: Entweder einen Aperitif oder einen leichten Rotwein aus der Lombardei, z.B. einen moussierenden Bonarda dazu servieren.

Variante: Olive con buccia d'arancio
(Oliven mit Orangenschale)
400 g schwarze Oliven mit 1 TL Zucker und der geraspelten Schale 1 unbehandelten Orange vermischen. Das Ganze in ein luftdurchlässiges Stoffsäckchen geben und verschließen. Das Säckchen 3–4 Tage in die Nähe einer Wärmequelle hängen, ab und zu leicht schütteln, bis die Oliven das Orangenaroma angenommen haben.

Insalata di frutti di mare

Von der Küste · Braucht etwas Zeit

Meeresfrüchte-Salat

Zutaten für 4–6 Portionen:
400 g frische oder küchenfertige tiefgekühlte Tintenfische
Saft von 2 Zitronen
4 cl Rotweinessig
Salz
1 kg frische Miesmuscheln (nur geschlossene Muscheln verwenden)
300 g Garnelen oder kleine Scampi, mit der Schale

Für die Marinade:
1 Bund glatte Petersilie
3 Knoblauchzehen
1 rote Chilischote
Saft von 1 Zitrone
6 EL Olivenöl, kaltgepreßt

Zubereitungszeit: 1 Std. (+ 2 Std. Marinieren)

Bei 6 Portionen pro Portion: 1200 kJ/290 kcal

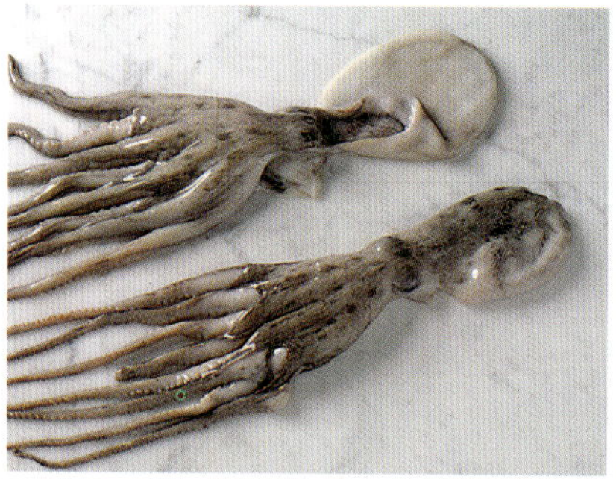

1 Tintenfische säubern. Kopf und Tentakel vorsichtig aus dem Tintenfischmantel herausziehen. Tintenbeutel entfernen. Fangarme öffnen, Kauwerkzeuge herausdrücken, abschneiden und wegwerfen. Kopf und Innereien von Tentakeln trennen und entfernen. Körperbeutel unter fließendem Wasser gründlich waschen und dabei umstülpen.

2 In einem Topf 1 l Wasser mit dem Saft von 1 Zitrone, dem Rotweinessig und ½ TL Salz aufkochen. Geputzten Tintenfisch hineingeben und zugedeckt bei mittlerer Hitze etwa 20 Min. (tiefgekühlte Tintenfische etwa 10 Min.) weich köcheln und im Sud abkühlen lassen.

3 Miesmuscheln unter fließendem Wasser abbürsten und mit dem Messerrücken entbarten. ¼ l Wasser zum Kochen bringen, Miesmuscheln zugedeckt bei starker Hitze darin dämpfen, bis sich die Muscheln geöffnet haben (je nach Größe 5–10 Min.). Muscheln, die jetzt noch geschlossen sind, wegwerfen. Das Muschelfleisch mit einem Messer aus den Schalen lösen und mit dem Saft von ½ Zitrone beträufeln.

4 Garnelen mit Panzer waschen und in kochendes Salzwasser mit dem Saft von ½ Zitrone geben. Garnelen 5 Min. aufkochen und durch ein Sieb abgießen. Abkühlen lassen. Garnelen auslösen. Mit einem Einschnitt am Rücken den Darm (dunkler Faden) entfernen. Die Garnelen mit lauwarmem Wasser abspülen.

5 Tintenfische abgießen und gut abtropfen lassen. Tintenfischmantel in feine Ringe, Tentakeln in etwa 1 cm dicke Stücke schneiden. Mit den Miesmuscheln und Garnelen in einer Schüssel mischen.

6 Petersilie waschen, trockenschütteln und sehr fein hacken. Knoblauchzehen schälen und ebenfalls hacken. Chilischote längs halbieren, die Samen herausschaben, die Rippen entfernen und die Schotenhälften in Streifen schneiden. Das Ganze unter die Meeresfrüchte mischen.

7 Den Saft von 1 Zitrone über den Meeresfrüchten verteilen. Mit Olivenöl übergießen und alles gut mischen. Frutti di mare kühl stellen (nicht in den Kühlschrank!) und mindestens 2 Std. durchziehen lassen. Weißbrotscheiben dazu reichen.

Wein: Ein trockener Weißwein, wie z. B. ein Tocai aus Venetien oder ein Trebbiano d'Abruzzo, paßt gut dazu.

Pizzette di patate

Aus Apulien · Gelingt leicht

Kleine Pizzen aus Kartoffelteig

Zutaten für 4 Portionen:
500 g mehlige Kartoffeln
Salz · 1 große Zwiebel
150 g geräucherter, durchwachsener Speck ohne Schwarte in Scheiben
100 g Mehl
(+ Mehl für das Backbrett)
1 Ei · 1 Prise Muskatnuß, gerieben
2 EL Olivenöl
(+ Öl für das Backblech)
400 g frische Tomaten (oder aus der Dose)
1 Bund Petersilie

Zubereitungszeit: 1 Std.

Pro Portion: 2400 kJ/570 kcal

1 Die Kartoffeln schälen, vierteln und in einem Topf mit Salzwasser in etwa 20 Min. garen.

2 Zwiebel schälen, in dünne Ringe schneiden. Den Speck in Würfel schneiden und in einer Pfanne auslassen. Speckwürfel mit einem Schaumlöffel aus dem Fett nehmen und beiseite stellen. Die Zwiebeln in die Pfanne geben und im ausgelassenen Fett glasig werden lassen.

3 Die noch heißen Kartoffeln durch die Kartoffelpresse auf ein bemehltes Backbrett drücken und abkühlen lassen. Mehl und Ei dazugeben, mit etwas Salz und 1 Prise Muskatnuß würzen. 1 EL Olivenöl unter die Kartoffelmasse arbeiten und alles zu einem glatten Teig kneten. Kartoffelteig in vier Portionen teilen. Jede Portion zu 1 cm dicken Pizzafladen (etwa 18 cm Ø) ausrollen.

4 Backofen auf 220° (Gas Stufe 4) vorheizen. Tomaten überbrühen, enthäuten, Stengelansätze und Kerne entfernen (Tomaten aus der Dose abtropfen lassen). Das Fruchtfleisch zerkleinern. Petersilie waschen und fein hacken. Das Backblech mit Öl einfetten. Fladen darauf setzen und mit Speck, Zwiebeln, Tomaten und Petersilie belegen. Salzen und pfeffern. Kartoffelpizzen im Backofen 20–25 Min. backen. Dann mit einigen Tröpfchen Olivenöl beträufeln.

Calzone

Aus Kampanien · Herzhaft

Gefüllte Pizzataschen

Zutaten für 4 Portionen:
Für den Teig:
20 g Hefe · 1 Prise Zucker
300 g Mehl · 1 TL Salz
2 EL Olivenöl (+ Olivenöl für das Backblech)

Für die Füllung:
500 g frische Champignons
1 EL Butter · Salz
weißer Pfeffer aus der Mühle
300 g gekochter Schinken
300 g Mozzarella
50 g Parmesan, frisch gerieben
1 TL Oregano · 4 EL Olivenöl

Zubereitungszeit: 2 Std.

Pro Portion: 3700 kJ/880 kcal

1 Einen Pizzateig zubereiten nach dem Rezept S. 41.

2 Die Pilze putzen, abbrausen, trokkentupfen und in dünne Scheiben schneiden. In einer Kasserolle Butter zerlassen, die Pilze bei starker Hitze etwa 5 Min. andünsten, bis die Flüssigkeit verdampft ist. Mit Salz und Pfeffer würzen und abkühlen lassen.

3 Schinken in feine Streifen, gut abgetropften Mozzarella in kleine Würfel schneiden. Schinkenstreifen und Mozzarellawürfel in einer Schüssel mit geriebenem Parmesan mischen. Abgekühlte Pilze unterheben. Mit Oregano, Salz und Pfeffer abschmecken.

4 Backofen auf 250° (Gas Stufe 5) vorheizen. Das Backblech mit Olivenöl einfetten. Die Teigportionen auf bemehlter Fläche nochmals kräftig durchkneten und zu 4 dünnen, runden Fladen ausrollen.

5 Je eine Hälfte der Teigplatten mit 1/4 der Füllung bestreichen, dabei die Ränder freilassen. Die andere Hälfte darüber klappen, Ränder fest andrücken, bis sie dicht schließen. Calzone auf das gefettete Blech legen, mit je 1 EL Olivenöl bestreichen und im Backofen (Mitte) etwa 20 Min. backen.

Wein: Dazu schmeckt ein Rotwein aus der Lombardei, z. B. ein Rosso Valtellina.

OLIO
EXTRA
VERGINE
DI OLIVA
LIGUSTRO

Pizza »quattro stagioni«

Aus Kampanien · Etwas schwieriger

Pizza »Vier Jahreszeiten«

Zutaten für 4 Portionen:

Für den Teig:
20 g Hefe
1 Prise Zucker
300 g Mehl
(+ Mehl zum Ausrollen)
1 TL Salz
2 EL Olivenöl

Für den Belag:
400 g frische Tomaten
(oder aus der Dose)
Salz
schwarzer Pfeffer aus der Mühle
6 EL Olivenöl, kaltgepreßt
(+ Olivenöl für das Backblech
+ zum Servieren)
5–6 Basilikumblätter
2 TL Oregano
300 g Mozzarella
200 g Broccoli
1 rote Paprikaschote
100 g Champignons oder Egerlinge
1 EL Kapern
200 g Meeresfrüchte-Salat
(Rezept S. 36)
10 schwarze Oliven
4 Sardellenfilets in Öl
200 g in Öl eingelegte
Artischockenherzen

Zubereitungszeit: 1 Std.
(+ 2–2 1/2 Std. Ruhen)

Pro Portion: 2600 kJ/620 kcal

1 In einer kleinen Schüssel Hefe und Zucker mit 1/8 l lauwarmem Wasser auflösen. Mit 2–3 EL Mehl zu einem glatten Vorteig verrühren, leicht mit Mehl bestäuben und an einem warmen Ort etwa 30 Min. gehen lassen.

2 Das übrige Mehl auf ein Backbrett sieben, eine Mulde hineindrücken, Hefemischung in die Mitte gießen, salzen und durchkneten. Nach und nach mit etwa 1/8 l lauwarmem Wasser und 2 EL Olivenöl zu einem geschmeidigen Teig verkneten. Den Teig zu einer Kugel formen, in vier Portionen teilen und mit einem Tuch abgedeckt an einem warmen Ort 1 1/2–2 Std. gehen lassen.

3 Frische Tomaten überbrühen, enthäuten und die Kerne entfernen bzw. Tomaten aus der Dose gut abtropfen lassen. Das Fruchtfleisch in kleine Stücke schneiden, salzen, pfeffern und in einer Schüssel mit 3 EL Olivenöl marinieren. Basilikum waschen, trockenschütteln. Die Blätter fein hacken und mit dem Oregano hinzufügen. Mozzarella abtropfen lassen und würfeln.

4 Broccoli waschen und die holzigen Stielenden abschneiden. Paprika putzen und in Streifen schneiden. Pilze putzen, kurz überbrausen, trockentupfen und in Scheiben schneiden. Gemüse in Salzwasser jeweils getrennt 2–5 Min. sprudelnd kochen und alles gut abtropfen lassen.

5 Alle Zutaten für den Pizzabelag in einzelnen Schüsseln bereit stellen. Broccoli in kleine Röschen teilen. Kapern abtropfen lassen und Artischokkenherzen halbieren.

6 Backofen auf 250° (Gas Stufe 5) vorheizen, das Backblech einölen. Den glatten Teig zu Fladen ausrollen und aufs Blech geben, mit den Händen flachdrücken und einen Rand bilden.

7 Pizzateig mit Tomatenstücken gleichmäßig bestreuen. Pizza in vier Zonen unterteilen und mit den Zutaten der entsprechenden Jahreszeit belegen: Artischockenherzen für den Frühling, Meeresfrüchte für den Sommer, Pilze für den Herbst, Broccoli für den Winter. Oliven, Kapern und Sardellen nach Belieben auf der Pizza verteilen. Mit Olivenöl beträufeln.

8 Pizza im Backofen (unten) backen. Nach 15 Min. Mozzarellawürfel über das Gemüse geben und Pizza weitere 5 Min. (Mitte) backen. Heiß servieren. Zum Nachwürzen Olivenöl, Salz und Pfeffermühle auf den Tisch stellen.

ZAFFERANO
DI PASZKOWSKI
MILANO
RISO

PRIMI PIATTI

Das sind Suppen, Reis, Nudeln und Polenta: Als ersten Hauptgang nach den Antipasti gibt es – meist am Abend – entweder eine gehaltvolle Gemüsesuppe, Reis, Gnocchi oder Polenta. In der Regel aber eröffnet man den Hauptgang mit Pasta – einer der zahllosen Nudelvariationen, die mit immer wieder neuen ideenreichen Saucen kombiniert werden. Die Minestroni stammen aus der Küche der kleinen Leute Italiens. Jede Hausfrau hat dafür ihr eigenes Rezept. Diese Suppen, die oft eher Eintöpfen gleichen, schmecken immer unvergleichlich gut. Gnocchi heißen kleine Teigbällchen aus Mehl, Maismehl, Weizengrieß, Kartoffeln oder aus Mischungen davon. Sie müssen leicht und luftig sein und werden mit pikanten Saucen serviert. Die allgegenwärtige Pasta, die in Italien eine Sache der Weltanschauung ist, läßt sich nach ihrer Zubereitungsart in zwei kulinarische Gebiete aufteilen. Der Norden ist die Heimat der Eiernudeln aus Mehl, die hausgemacht mit Butter zubereitet werden, der Süden ist das Land der Nudeln aus Hartweizengrieß. Sie werden ohne Eier hergestellt und mit Olivenöl gewürzt. Aus beiden Teigsorten werden mit viel Phantasie die originellsten Nudeln geformt. Die Palette an Nudelsorten ist einfach überwältigend, die Fülle köstlicher Pastagerichte beeindruckend – probieren Sie selbst!

Kreative Küche: In Handarbeit werden solch köstliche Tortellini selbst hergestellt. Mit verschiedenen Füllungen und Saucen schmecken sie immer wieder anders.

Minestrone di verdure

Aus der Lombardei · Gelingt leicht

Gemüsesuppe

Zutaten für 6–8 Portionen:
50 g getrocknete weiße Bohnen (am besten Cannellini)
Salz
1 Salbeiblatt
1 Stange Lauch
3 Möhren
¼ Wirsing oder
5 Schwarzkohlblätter
1 Stange Bleichsellerie
3 mittelgroße Kartoffeln
1 Zucchino
2 reife Eiertomaten
1 EL Butter
4 EL Olivenöl
2 l Fleischbrühe (selbstgemacht oder aus Würfeln)
100 g kleine Nudeln (z. B. Ditalini, Chifferini oder Gramigna)
1 Knoblauchzehe
10–15 Rosmarinblätter
1 frische oder getrocknete Chilischote
Parmesan, frisch gerieben zum Bestreuen

Zubereitungszeit: 1½ Std. (+ 12 Std. Einweichen)

Bei 8 Portionen pro Portion: 700 kJ/170 kcal

1 Getrocknete weiße Bohnen am Vorabend in Salzwasser mit Salbeiblatt einweichen. Am nächsten Tag die Bohnen etwa 30–45 Min. vorgaren.

2 Lauch putzen und in ½ cm dicke Ringe schneiden. Möhren schälen und in Stücke schneiden. Wirsing oder Kohl vom Strunk befreien und in Streifen schneiden. Rippen der Bleichsellerie-stange entfasern. Die Stange in ½ cm lange Stücke schneiden. Kartoffeln schälen und würfeln. Zucchino in Scheiben schneiden, die beiden Enden entfernen. Alles Gemüse waschen und abtropfen lassen. Tomaten überbrühen, häuten, von den Stengelansätzen befreien, entkernen und achteln.

3 Butter und 2 EL Olivenöl in einem großen Kochtopf erhitzen. Lauchringe unter Rühren andünsten. Vorgegarte Bohnen in ein Sieb gießen, unter fließendem Wasser abspülen und hinzufügen. Nach und nach das vorbereitete Gemüse dazugeben und etwa 10 Min. dünsten.

4 Mit Fleischbrühe aufgießen. Zugedeckt 20–30 Min. bei mittlerer Hitze köcheln lassen. Ab und zu umrühren und mit Salz abschmecken.

5 Nudeln dazugeben und bei geringer Hitze al dente garen lassen.

6 Inzwischen Knoblauchzehe schälen, in Scheibchen schneiden. In einer kleinen Pfanne 2 EL Olivenöl erhitzen, Knoblauch, Rosmarinblätter und Chilischote im ganzen dazugeben und alles leicht anbraten. (Vorsicht! Knoblauch darf nicht anbrennen.)

7 Zum Schluß die Rosmarinsauce unter die Gemüsesuppe mischen. Die Minestrone in einer Suppenschüssel heiß servieren. Dazu geriebenen Parmesankäse reichen.

Variante:
Minestrone con piselli e pesto
(Minestrone mit Erbsen und Pestosauce)
Minestrone nach dem angegebenen Rezept zubereiten (ohne Rosmarinsauce). 150 g enthülste und blanchierte Erbsen (wenn's schnell gehen soll, tiefgekühlte) zusammen mit den Nudeln hinzufügen. Gut umrühren, im offenen Topf Nudeln al dente kochen. Eine Pestosauce getrennt zur Minestrone reichen: 3 Bund grobgeschnittenes Basilikum, 2 EL Pinienkerne, 2 EL frisch geriebener Parmesan, 2 EL frisch geriebener Pecorino mit 2 zerkleinerten Knoblauchzehen und 100 ml kaltgepreßtem Olivenöl im Mörser zu einer Paste verarbeiten (oder mit dem Mixer pürieren). Wenn die Paste zu fest ist, noch etwas Suppenflüssigkeit unterrühren. Bei Tisch rührt sich jeder einen Löffel Pesto in die Gemüsesuppe. Dazu paßt getoastetes Weißbrot, mit einer halbierten Knoblauchzehe eingerieben.

Zuppa alla Valdostana

Aus dem Aostatal · Für den Winter

Wirsingsuppe mit Brot und Käse

Zutaten für 4 Portionen:
1 Wirsing oder Schwarzkohl
Salz
250 g Weißbrot vom Vortag
100 g Butter
etwa 3/4 l Fleischbrühe
250 g Fontina in Scheiben
(ersatzweise Gouda)
weißer Pfeffer aus der Mühle

Zubereitungszeit: 1 1/4 Std.

Pro Portion: 2800 kJ/670 kcal

1 Wirsing oder Schwarzkohl putzen, äußere Blätter und Strunk entfernen, waschen und abtropfen lassen.

2 Wirsing vierteln und in feine Streifen schneiden. Zugedeckt in einem Kochtopf mit 1/2 l Salzwasser etwa 10 Min. sprudelnd kochen lassen. Kalt abschrecken und gut abtropfen lassen. Weißbrot in Scheiben schneiden. Backofen auf 250° (Gas Stufe 5) vorheizen.

3 Eine große Gratinform mit 1 EL Butter ausstreichen. Den Boden mit einer Schicht Brotscheiben auslegen und mit 3 EL Brühe übergießen. Dann eine Schicht Kohl einfüllen. 2 EL Butter in Flöckchen darauf verteilen und mit Käsescheiben bedecken.

4 In dieser Reihenfolge die Zutaten abwechselnd einfüllen: Brot mit Brühe, Wirsing, Butter und Käse, bis alles verbraucht ist. Mit einer Schicht Weißbrot abschließen. Restliche Brühe darüber gießen. Butterflöckchen auf Brotscheiben verteilen.

5 Die Suppe in den Backofen (oben) schieben und 20–30 Min. garen, bis die Brotscheiben goldgelb sind. Mit Salz und Pfeffer nachwürzen.

Wein: Ein trockener Rotwein aus dem Aostatal, z. B. ein Inferno, paßt gut.

Minestra di patate e carote

Aus dem Trentino · Deftig

Gemüsesuppe mit Kartoffeln und Möhren

Zutaten für 6–8 Portionen:
400 g Kartoffeln
400 g Möhren
2 Stangen Bleichsellerie
1 große Zwiebel
2 EL Butter
2 l Hühnerbrühe
Salz
100 g kurze Hartweizennudeln
1 Knoblauchzehe
4 Salbeiblätter
1 EL Olivenöl, kaltgepreßt
schwarzer Pfeffer aus der Mühle
80 g Parmesan, frisch gerieben

Zubereitungszeit: 1 1/4 Std.

Pro Portion: 820 kJ/200 kcal

1 Kartoffeln schälen, waschen und vierteln. Möhren schälen und in Stücke schneiden. Rippen der Selleriestangen entfasern. Die Stangen waschen und in 2 cm lange Stücke schneiden. Zwiebel schälen und fein hacken.

2 In einem großen Kochtopf Butter zerlassen, Zwiebel glasig anschwitzen. Nach und nach das vorbereitete Gemüse mit geschlossenem Deckel in der heißen Butter schwenken. Mit der Hühnerbrühe auffüllen. Gemüsesuppe salzen und zugedeckt bei mittlerer Hitze 25–30 Min. köcheln lassen.

3 Gemüse mit einem Schaumlöffel aus der Brühe heben, durchpassieren und zurück in den Topf geben.

4 Die Suppe kurz aufkochen, die Nudeln dazugeben und bei schwacher Hitze al dente garen lassen.

5 Knoblauchzehe schälen und klein hacken. Salbeiblätter waschen und abzupfen. In einer kleinen Pfanne das Olivenöl erhitzen, Knoblauch und Salbei leicht anbraten. Die Mischung in die fertige Suppe rühren und mit Pfeffer abschmecken. Heiß servieren. Dazu frisch geriebenen Parmesan und eventuell Weißbrot reichen.

Wein: Ein leichter trockener Weißwein aus Friaul, z. B. ein Sauvignon Friulano, schmeckt dazu ausgezeichnet.

Arancini di riso

Aus Sizilien · Etwas schwieriger

Fritierte Reisbällchen

Zutaten für etwa 16 Arancini:
500 g Vialone-Reis
Salz
1 Briefchen von 125 mg Safran
50 g Parmesan, frisch gerieben
2 Eier
1 kleine Hühnerbrust
1 kleine Zwiebel
1 kleine Möhre
1 kleine Stange Bleichsellerie
1 Bund Petersilie
100 g Mozzarella
3 EL Olivenöl (+ Sonnenblumenöl zum Fritieren)
1 Chilischote
150 g Rinderhackfleisch
6 EL passierte Tomaten
100 g frische Erbsen (ersatzweise tiefgekühlte)
1/8–1/4 l Fleischbrühe
80 g Semmelbrösel
2 EL Mehl

Zubereitungszeit: 2 Std.

Pro Stück: 1000 kJ/240 kcal

1 In einem Topf 1 1/4 l Salzwasser aufkochen. Den Reis einstreuen, bei schwacher Hitze und unter häufigem Rühren 15 Min. ausquellen lassen. Gegen Ende der Garzeit Safran in 3 EL heißem Wasser auflösen und unter den schön körnigen Reis mischen. Geriebenen Parmesan und 1 Ei in den fertigen Reis rühren. Abkühlen lassen.

2 Die Hühnerbrust waschen, abtrocknen und in kleine Würfelchen schneiden. Die Zwiebel schälen, die Möhre putzen, den Sellerie waschen, trockentupfen. Gemüse und Zwiebel ganz klein schneiden. Petersilie waschen, trockenschütteln und fein hacken. Den Mozzarella in 32 Würfel schneiden.

3 In einer Kasserolle 3 EL Olivenöl erhitzen. Zwiebel glasig dünsten. Das Gemüse mit einer ganzen Chilischote kurz anbraten, dann die Hälfte der Petersilie, die Hühnerbrustwürfel und das Rinderhackfleisch hinzufügen, salzen und 5 Min. mitbraten. Die passierten Tomaten angießen. Erbsen einstreuen. Alles zugedeckt 15–20 Min. bei mittlerer Hitze schmoren lassen. Wenn die Flüssigkeit verbraucht ist, nach und nach etwas Brühe angießen. Die Fleischsauce mit der übrigen Petersilie bestreuen und unter häufigem Rühren eindicken lassen. Chilischote entfernen.

4 Das zweite Ei in einem tiefen Teller verquirlen, leicht salzen und pfeffern. Semmelbrösel in einen flachen Teller geben.

5 Eine Handvoll Reis zu einer Kugel formen. Mit dem Zeigefinger in die Mitte eine Vertiefung drücken. Die Mulde mit 1 EL der Gemüse-Fleisch-Mischung und 2 Mozzarellawürfeln füllen, Öffnung wieder mit Reis verschließen und zu einem Bällchen formen. Das Reisbällchen leicht mit Mehl bestäuben. In verquirltem Ei und dann in den Semmelbröseln wenden. Auf diese Weise etwa weitere 15 Bällchen formen und vorsichtig auf einen Teller legen.

6 In einem Topf reichlich Öl für das Fritieren erhitzen. Die Reiskugeln portionsweise goldgelb ausbacken. Zum Aufsaugen von überschüssigem Fett auf Küchenpapier legen und auf einer vorgewärmten Platte anrichten. Die Arancini sehr heiß servieren.

Wein: Ein trockener Weißwein mit vollem Bukett, wie z. B. ein Etna Bianco aus Sizilien, paßt ausgezeichnet.

Risotto nero alla fiorentina

Aus Florenz · Exklusiv

Schwarzer Tintenfischreis

Zutaten für 4 Portionen:
500 g Mangold (ersatzweise Spinat oder Rucola)
Salz
500 g frische kleine Tintenfische (Sepie) mit Tintenbeutel
1 mittelgroße Zwiebel
1 Knoblauchzehe
4 EL Olivenöl, kaltgepreßt
1 frische Chilischote
¼ l trockener Weißwein
300 g Vialone- oder Avorio-Reis
1 Bund glatte Petersilie

Zubereitungszeit: 1½ Std.

Pro Portion: 2200 kJ/520 kcal

1 Mangold waschen, Blattstiele und Rippen entfernen. Blätter zerpflücken und in ½ l Salzwasser blanchieren (sprudelnd kochen lassen). Abgießen, das Wasser auffangen, die Blätter auspressen und kleinhacken.

2 Tintenfische säubern. Kopf und Tentakel vorsichtig aus dem Tintenfischmantel herausziehen. Gefüllte Tintenbeutel aufbewahren. Fangarme öffnen, Kauwerkzeuge herausschneiden. Kopf und Innereien von Tentakeln trennen und entfernen. Körperbeutel gründlich waschen und dabei umstülpen. Fleisch und Fangarme in Streifen schneiden.

3 Zwiebel und Knoblauch fein hacken und in einer Kasserolle in 3 EL Olivenöl glasig dünsten, Chilischote im ganzen hinzufügen. Tintenfische dazugeben und anbraten. Mit Weißwein ablöschen. Salzen, zugedeckt etwa 10 Min. bei mittlerer Hitze schmoren. Mangold dazugeben, kurz ziehen lassen.

4 Tintenbeutel aufstechen, Tinte angießen. Die Tintenfische weitere 10 Min. köcheln lassen. Reis einstreuen, Mangoldwasser nach und nach dazugeben. Reis unter ständigem Rühren 15–20 Min. ausquellen lassen.

5 Petersilie waschen, trockenschütteln und fein hacken, aufs Risotto streuen. Das Gericht mit dem restlichen Olivenöl übergießen und sofort anrichten.

Info: Tintenfische (Sepie) sind im Fischfachgeschäft zu kaufen. Je kleiner die Tintenfische, um so zarter sind sie. Als Tintenersatz eignet sich Chipiron (4 g), das es in kleinen Plastikbeuteln abgepackt gibt.

Risotto ai frutti di mare

Aus Venetien · Raffiniert

Reis mit Meeresfrüchten

Zutaten für 4 Portionen:
700 g frische Miesmuscheln
5 EL Olivenöl
2 Knoblauchzehen
250 g Garnelen ohne Schale
oder 300 g Garnelen mit Schale
3 EL trockener Brandy
(Vecchia Romagna)
300 g frische Tintenfische (Sepie, oder tiefgekühlte)
1 kleine Zwiebel
1/8 l trockener Weißwein
300 g Vialone- oder Avorio-Reis
Salz
Pfeffer aus der Mühle
1 Bund Petersilie

Zubereitungszeit: 1 1/4 Std.

Pro Portion: 2600 kJ/620 kcal

1 Miesmuscheln unter fließendem Wasser abbürsten und mit dem Messerrücken entbarten (nur geschlossene Muscheln verwenden). 1/4 l Wasser mit 1 EL Öl und 1 geschälten Knoblauchzehe zum Kochen bringen. Muscheln in den kochenden Sud geben und zugedeckt bei starker Hitze etwa 5 Min. dämpfen, bis sich die Muscheln geöffnet haben (jetzt noch geschlossene wegwerfen). 8 Muscheln mit der Schale für die Dekoration beiseite legen. Das Muschelfleisch der restlichen aus den Schalen lösen. Den Sud durch ein Haarsieb gießen und aufheben.

2 Garnelen waschen. Aus der Schale lösen, mit einem Einschnitt am Rücken den Darm (dunkler Faden) entfernen. Die Garnelen in einer Pfanne in 1 EL Olivenöl anbraten. Brandy angießen und die Meeresfrüchte 2–4 Min. (je nach Größe) garen.

3 Tintenfische sorgfältig säubern. Kauwerkzeuge, Kopf, Innereien und Tintenbeutel entfernen. Die Tintenfische abspülen und in etwa 1 cm dicke Streifen schneiden.

4 Die Zwiebel und die zweite Knoblauchzehe schälen, fein hacken und in einer Kasserolle mit 3 EL Olivenöl andünsten. Tintenfische dazugeben, anbraten und, wenn sie Farbe annehmen, mit Weißwein ablöschen. Zugedeckt etwa 10 Min. schmoren lassen.

5 Sobald der Wein verdampft ist, Reis einrühren und mitrösten, nach und nach heißen Muschelsud und Wasser dazugießen. Den Reis in 15–20 Min. knapp al dente kochen. Salzen und pfeffern. Garnelen und Muscheln zum Schluß hinzufügen und etwa 5 Min. ziehen lassen. Petersilie fein hacken und darüber streuen. Mit den beiseite gelegten Muscheln garnieren.

Risotto alla milanese

Aus Mailand · Gelingt leicht

Safranrisotto

Zutaten für 4 Portionen:
1 kleine Zwiebel
etwa 1 l Fleischbrühe
1 Markknochen
100 g Butter
400 g Vialone- oder Arborioreis
⅛ l trockener Weißwein
Salz
1 Briefchen von 125 mg Safran
3 EL Sahne
schwarzer Pfeffer aus der Mühle
100 g Parmesan, frisch gerieben

Zubereitungszeit: 40 Min.

Pro Portion: 3000 kJ/710 kcal

1 Zwiebel schälen und fein hacken. Fleischbrühe mit Markknochen etwa 5 Min. kochen lassen. In einer Kasserolle 50 g Butter zerlassen, darin die gehackten Zwiebeln bei schwacher Hitze andünsten, bis sie weich, aber nicht zu braun sind.

2 Den Reis in die Kasserolle geben und so lange rühren, bis die Körner glasig sind, dann mit Weißwein ablöschen und verdampfen lassen. Nach und nach die heiße Brühe angießen, den Risotto salzen und ohne Deckel bei mittlerer Hitze 10 Min. kochen. Dabei immer wieder umrühren.

3 Safran in 3 EL Brühe auflösen und in den Reis geben. Das Mark aus den Knochen nehmen, mit einer Gabel zerdrücken und unter den Reis mischen. Bei mittlerer Hitze und unter Rühren weitere 5 Min. kochen. Bei Bedarf noch etwas Brühe angießen.

4 Unter den fertigen Reis die Sahne und die restliche Butter mischen. Mit Pfeffer würzen und sofort servieren. Dazu frisch geriebenen Parmesan reichen.

Wein: Ein junger Rotwein aus der Lombardei, z. B. ein Sassella, paßt immer.

Reis

Pappeln spiegeln sich in den überfluteten Reisfeldern bei Vercelli.

Reis ist im 15. Jahrhundert von Kaiser Karl V. aus Spanien nach Italien eingeführt worden. Seit dieser Zeit wird das Getreidegras im feuchten Schwemmland der Poebene angebaut. Von der Schonkost bis zum exklusiven Nahrungsmittel der gehobenen Schichten brachte der Reis im 19. Jahrhundert den Städten Turin und Mailand einen rasanten wirtschaftlichen Aufschwung. In der Poebene gedeihen die größten Reiskulturen Europas. Zwischen Novara und Vercelli im südlichen Piemont erstrecken sich zwischen Pappelreihen weite Reisfelder. Die bis 1,8 m hohe Reispflanze liebt Wasser und Wärme.
Im Frühjahr werden die Pflanzen aus den Saatbeeten auf den künstlich überfluteten Feldern eingesetzt. Während des Wachstums stehen die Reiskulturen völlig unter Wasser. Zu Beginn der Erntezeit im Sommer wird das Wasser wieder abgeleitet. Nach dem Abschneiden der Rispen vom Halm wird der Reis getrocknet und gedroschen. In der Poebene gibt es mehr Mittelkorn- und Rundkornreis, als man in ganz Italien verbrauchen kann. Man unterscheidet zwischen den Reissorten »comune« (Riso comune originario), »semifino« (Vialone Nano) und »fino« (Arborio, Carnaroli und Razza). Die letzten beiden eignen sich zum Risotto.

11,5%
VOL.
CHIANTI
CLASSICO

Ravioli al burro

Aus Ligurien · Exklusiv

Ravioli mit Spinatfüllung, Butter und Salbei

Zutaten für 4–6 Portionen:
Für den Teig:
400 g Mehl (+ Mehl zum Ausrollen)
4 Eier
Salz
1 EL Olivenöl

Für die Füllung:
500 g frischer Spinat
1 Bund Petersilie
1 Ei
300 g Ricotta (Frischkäse)
100 g Parmesan, frisch gerieben
Salz
1 Prise Muskatnuß, gerieben
Pfeffer aus der Mühle

Zum Servieren:
100 g Butter
8 frische Salbeiblätter
50 g Parmesan, frisch gerieben
Pfeffer aus der Mühle

Zubereitungszeit: 2½ Std.
(+ 15 Min. Ruhen)

Bei 6 Portionen pro Portion:
2900 kJ/690 kcal

1 Mehl auf ein Backbrett häufen, in die Mitte eine Mulde drücken, Eier und Salz hineingeben und mit etwas Wasser verkneten. 1 EL Olivenöl untermischen, um den Nudelteig elastischer zu machen. Teig kräftig durchkneten. Zur Kugel formen, in ein bemehltes Küchentuch einschlagen und etwa 15 Min. ruhen lassen.

2 Spinat putzen, waschen, in kochendem Salzwasser etwa 3 Min. blanchieren (sprudelnd kochen lassen). Abgießen, kalt abschrecken, ausdrücken und fein hacken. Petersilie waschen, trockentupfen, klein schneiden.

3 Ei in einer Rührschüssel verquirlen, Spinat, Petersilie, Ricotta und Parmesan hinzufügen. Mit Salz, Muskatnuß und Pfeffer aus der Mühle würzen. Zutaten gut miteinander vermischen.

4 Teigkugel halbieren, beide Stücke auf leicht bemehlter Fläche papierdünn ausrollen. Mit einem Teigrädchen in 5 cm breite Streifen schneiden. Mit Hilfe von 2 TL haselnußgroße Portionen der Füllung in Abständen von 5 cm auf dem Streifen verteilen. Die Zwischenräume mit Wasser bestreichen. Die übrigen Teigstreifen darüber legen und beide Schichten zwischen den Füllungen mit der Fingerkuppe leicht zusammendrücken, danach Teigtaschen quadratisch ausschneiden. Auf einem bemehlten Tuch ausbreiten und kurz antrocknen lassen.

5 Ravioli portionsweise in 3 l sprudelndes Salzwasser geben, nach dem Aufwallen 3–5 Min. ziehen lassen. Butter mit 4 Salbeiblättern in einer Pfanne zerlassen. Ravioli mit einem Schaumlöffel aus dem Wasser herausnehmen, abtropfen lassen und auf einer vorgewärmten Platte anrichten. Salbeibutter darüber gießen, mit Parmesan bestreuen und mit den restlichen Salbeiblättern garnieren. Nach Geschmack pfeffern. Heiß servieren.

Wein: Ein leichter trockener Pinot Grigio aus Friaul oder ein Orvieto aus Umbrien passen gut dazu.

Lasagne verdi al forno

Aus der Emilia-Romagna · Berühmt

Grüner Lasagneauflauf

Zutaten für 4–6 Portionen:
Für den Teig:
100 g frischer Spinat
300 g Mehl · 3 Eier · Salz
2 EL Olivenöl (nach Belieben)

Für die Saucen:
Béchamelsauce: 70 g Butter
2–3 gehäufte EL Mehl · ¾ l Milch
1 Prise Muskatnuß, gerieben · Salz
Ragoutsauce: Zutaten nach dem unten angegebenen Rezept
50 g Parmesan, frisch gerieben
30 g Butter

Zubereitungszeit: 2½ Std. (+ 30 Min. Ruhen)

Bei 6 Portionen pro Portion: 3400 kJ/810 kcal

1 Spinat putzen, waschen und naß im eigenen Saft zugedeckt dünsten. Spinat ausdrücken und fein hacken.

2 Mehl aufhäufen. In die Mitte eine Mulde drücken. Eier, Spinat und etwas Salz hineingeben. Den Teig 15 Min. durchkneten, nach Belieben 2 EL Olivenöl untermischen und mit einem Tuch bedeckt 30 Min. ruhen lassen.

3 Für die Béchamelsauce Butter schmelzen und das Mehl hineinrühren. Nach und nach Milch dazugießen. Dabei mit dem Schneebesen schlagen. Mit Muskatnuß und Salz würzen. Aufkochen lassen, bis die Sauce sämig ist. Ragoutsauce nach dem unten stehenden Rezept zubereiten.

4 Teig 2 mm dünn ausrollen und in rechteckige Stücke schneiden. 3 l Salzwasser mit etwas Öl zum Kochen bringen. Teigblätter portionsweise kochen, bis sie hochsteigen. Herausnehmen, gut abtropfen lassen und auf ein feuchtes Tuch legen.

5 Backofen auf 180° (Gas Stufe 2) vorheizen. Eine rechteckige Gratinform mit Butter ausstreichen, mit Lasagneblättern auslegen, Ragoutsauce darübergeben, mit Béchamelsauce begießen und mit Parmesan bestreuen. In dieser Reihenfolge alle Zutaten einfüllen, bis sie aufgebraucht sind. Mit Parmesan abschließen. Butterflöckchen darauf verteilen. Lasagne im Backofen in etwa 30 Min. überbacken.

Tagliatelle al ragù

Aus Bologna · Klassisch

Bandnudeln mit Ragoutsauce

Zutaten für 4 Portionen:
1 große Zwiebel · 2 Möhren
1 Stange Bleichsellerie
½ Bund Petersilie
50 g roher Schinken
50 g geräucherter, durchwachsener Speck
50 g Butter · 400 g Rinderhackfleisch
⅛ l Rotwein · ⅛ l Fleischbrühe
500 g Eiertomaten · 1 Lorbeerblatt
Salz · Pfeffer aus der Mühle
¼ l Milch · 400 g Eierbandnudeln
60 g Parmesan, frisch gerieben

Zubereitungszeit: 1½ Std.

Pro Portion: 4000 kJ/950 kcal

1 Zwiebel schälen. Gemüse putzen, waschen. Petersilie waschen, trockenschütteln und alles fein hacken. Schinken- und Speckscheiben in Würfel schneiden.

2 Butter in einer großen Kasserolle zerlassen, Zwiebel mit Schinken- und Speckwürfeln unter ständigem Rühren anschwitzen. Möhren, Sellerie und Petersilie hinzufügen und 8–10 Min. mitdünsten. Dann das Hackfleisch dazugeben und anbraten. Mit Rotwein ablöschen und zugedeckt bei starker Hitze schmoren, bis die Flüssigkeit verdampft ist. Brühe angießen und einkochen lassen.

3 Eiertomaten überbrühen und enthäuten. Das Fruchtfleisch in Stücke schneiden und mit dem Lorbeerblatt in die Kasserolle geben. Salzen und pfeffern. Sauce zugedeckt bei schwacher Hitze etwa 20 Min. eindicken lassen. Dann die Milch einrühren und weitere 10 Min. köcheln, bis die Milch verdampft ist.

4 Bandnudeln in kochendem Salzwasser mit einigen Tropfen Olivenöl al dente kochen. Abgießen und in eine vorgewärmte Schüssel geben. Mit Ragoutsauce würzen. Parmesan dazu reichen.

Tortellini mare-orto

Aus der Emilia-Romagna

Tortellini mit Gemüse und Garnelen

Zutaten für 4 Portionen:
100 g frische enthülste Erbsen (oder tiefgekühlte)
2 Zucchini
100 g Rucola
50 g Butter
250 g gekochte Garnelen
4 cl Grappa
⅛ l Sahne
500 g Tortellini mit Pilzfüllung
Salz
etwas Olivenöl
½ Bund Dill
weißer Pfeffer

Zubereitungszeit: 30 Min.

Pro Portion:
3000 kJ/710 kcal

1 Frische Erbsen in kochendem Salzwasser 5–10 Min. vorgaren (ist bei tiefgekühlten nicht nötig). Zucchini waschen, in Scheiben schneiden. Rucola fein hacken und beides hinzufügen. Weitere 2 Min. sprudelnd kochen. Abgießen, gut abtropfen lassen.

2 Butter in einer Pfanne zerlassen, Erbsen, Zucchinischeiben und Rucola anschwitzen, Garnelen etwa 5 Min. später hinzufügen. Mit Grappa ablöschen, gut mischen und zugedeckt bei mittlerer Hitze in etwa 5 Min. unter gelegentlichem Rühren fertiggaren. Zum Schluß mit Sahne binden.

3 Tortellini in reichlich Salzwasser mit einigen Tropfen Olivenöl al dente kochen.

4 Inzwischen den Dill waschen, trockenschütteln und fein schneiden.

5 Die Tortellini auf ein Sieb gießen, abtropfen lassen und unter die Gemüsesauce mischen. In einer vorgewärmten Schüssel anrichten. Das Gericht mit Dill bestreuen, salzen, pfeffern und sofort servieren.

Wein: Ein weißer Verdicchio aus den Marken paßt sehr gut.

Variante:
Tortellini al prosciutto e panna
(Tortellini mit Schinken-Sahne-Sauce)
500 g Tortellini mit Fleischfüllung in Salzwasser mit einigen Tropfen Olivenöl und 1 Salbeiblatt al dente kochen. 4 EL Butter in einer Pfanne zerlassen, 100 g gewürfelten rohen Schinken kurz anbraten, mit ¼ l Sahne ablöschen und etwa 5 Min. köcheln lassen. Sauce salzen, pfeffern und mit einer Prise Muskat abschmecken. Die abgetropften Tortellini in die Sauce geben und mit 100 g frisch geriebenem Parmesan gut durchmischen. Heiß servieren.

Rucola

Rucola (Rauke) ist eine im Mittelmeerraum stark verbreitete Salatpflanze, die im Garten gezogen wird und sehr schnell wächst. Schon die alten Römer kannten das würzige Kraut, das bis zu 75 cm hoch wird. Im Frühjahr wird die Raukenart ausgesät. Von Mai bis Juli tragen die Pflanzen rot und weiß gefärbte Blüten. Die Pflanze braucht 60 Tage bis zur Ernte. Man kann die Rucolablätter praktisch das ganze Jahr abernten. Alle Teile der Salatpflanze sind eßbar. Der Salat hat einen nußartigen Geschmack. Junge, zarte Blätter verwendet man roh als Salat. Die dunkleren, leicht bitteren Blätter nimmt man zum Kochen. Sie geben Nudeln oder Reis eine unverwechselbar würzige Note. Mit Parmesan und Pinienkernen püriert, bilden Rucolablätter eine interessante Variante zum Pesto (S. 64). Vor allem die Wurzeln enthalten viele Vitamine und Mineralien. Die ölhaltigen Samen verwendet man wie Senfkörner als Gewürz. Auf den Organismus wirkt Rucola belebend. Rucola ist relativ teuer und meist nur auf Gemüsemärkten zu bekommen. Beides, lange Wege und Kosten, können Sie sparen, wenn Sie Rucola im Garten oder auf dem Balkon selbst ziehen.

Rucola: vor kurzem kaum bekannt, ist er heute in »aller Munde«.

Farfalle al Gorgonzola

Aus der Lombardei · Raffiniert

Schmetterlingsnudeln mit Gorgonzolasauce

Zutaten für 4 Portionen:
400 g Schmetterlingsnudeln
Salz
etwas Olivenöl
1 Salbeiblatt
150–200 g milder Gorgonzola
50 g Butter
¼ l Sahne
weißer Pfeffer aus der Mühle
50 g Parmesan, frisch gerieben

Zubereitungszeit: 30 Min.

Pro Portion: 3400 kJ/810 kcal

1 Schmetterlingsnudeln in reichlich kochendem Salzwasser mit einigen Tropfen Olivenöl und dem Salbeiblatt bißfest garen.

2 Inzwischen Gorgonzola würfeln. In einer großen Pfanne Butter zerlassen, Gorgonzolawürfel dazugeben und bei schwacher Hitze langsam schmelzen lassen. Sahne nach und nach dazugießen. Dabei immer umrühren. Mit Salz und Pfeffer würzen. Die Sauce etwa 5 Min. eindicken lassen, bis eine sämige Creme entsteht, eventuell mit etwas Nudelwasser verdünnen und 1–2 EL Parmesan untermischen.

3 Schmetterlingsnudeln abgießen, gut abtropfen lassen und in der Pfanne mit der Gorgonzolasauce kräftig durchmischen. Salbeiblatt entfernen. Nudeln in eine vorgewärmte Schüssel geben und sofort servieren. Den restlichen Parmesan dazu reichen.

Wein: Ein spritziger Rosé, z. B. ein Chiaretto del Lago di Iseo oder del Lago di Garda, paßt vorzüglich.

Rigatoni al sugo di noci

Aus Ligurien · Gelingt leicht

Rigatoni mit Nußsauce

Zutaten für 4 Portionen:
170 g Walnußkerne
1 EL Pinienkerne
50 g Butter
1 Knoblauchzehe
400 g Rigatoni
Olivenöl, kaltgepreßt
Salz
100 g Parmesan, frisch gerieben
weißer Pfeffer aus der Mühle
1 kleiner Bund Basilikum zum Servieren

Zubereitungszeit: 45 Min.

Pro Portion: 3700 kJ/880 kcal

1 Walnußkerne kurz überbrühen, damit sich die feine Haut besser abziehen läßt. 10 halbierte Walnußkerne zum Garnieren beiseite legen. Die übrigen Walnuß- und Pinienkerne in einem Mörser fein zerreiben (oder im Mixer zerkleinern).

2 Butter in einer kleinen Pfanne zerlassen, Walnuß- und Pinienkerne dazugeben und unter Rühren 4–5 Min. anbraten. Knoblauchzehe schälen und, um den Knoblauchgeschmack abzumildern, etwa 2 Min. in heißes Wasser tauchen, dann in feine Scheibchen schneiden und alles unter die Nußbutter mischen.

3 Rigatoni in reichlich sprudelndem Salzwasser mit einigen Tropfen Olivenöl al dente kochen.

4 Nußbutter in eine vorgewärmte Schüssel geben, die Hälfte des Parmesans mit etwas Nudelwasser verrühren und unterziehen. Mit Salz und Pfeffer würzen.

5 Die Nudeln abgießen und gut mit der Nußsauce mischen. Mit den ganzen Walnüssen und Basilikumblättern garnieren. Nach Belieben mit einigen Tropfen Olivenöl beträufeln. Den restlichen Parmesan dazu reichen.

Tip! Die Nußsauce schmeckt auch zu Tagliatelle (Bandnudeln) oder zu Ravioli. Um die Sauce geschmeidiger zu machen, kann man noch 2 EL Sahne oder etwas Nudelwasser hinzufügen.

Pasta con le sarde

Nudeln mit Sardinen und Fenchel

Aus Sizilien · Braucht etwas Zeit

Zutaten für 4 Portionen:
400 g frische Sardinen
Stiele von 2–3 Fenchelknollen
1 Zwiebel
8 EL Olivenöl, kaltgepreßt
3 Sardellenfilets in Öl
4 EL Pinienkerne · 4 EL Sultaninen
Salz · Pfeffer aus der Mühle
1 Briefchen von 125 mg Safran
400 g Bucatini (dicke, hohle Spaghetti) oder Makkaroni

Zubereitungszeit: 1 ¼ Std.

Pro Person: 3500 kJ/830 kcal

1 Sardinen ausnehmen und entgräten, Köpfe abschneiden. In Salzwasser waschen und abtrocknen.

2 Fenchelgrün von den Stielen abschneiden und beiseite legen. Fenchelstiele in 2 l Salzwasser 10–15 Min. kochen, abtropfen lassen und klein schneiden. Fenchelwasser aufheben, Knollen anderweitig verwenden.

3 Zwiebel schälen und fein hacken. In einer Pfanne 5 EL Olivenöl erhitzen, Zwiebel glasig dünsten. Die Hälfte der Sardinen und die Sardellen dazugeben und mit einem Holzlöffel zerdrücken. Die vorbereiteten Fenchelstiele, Pinienkerne und Sultaninen dazugeben. Salzen, mit Pfeffer und Safran würzen und mit etwas Fenchelwasser ablöschen. Etwa 15 Min. köcheln lassen, ab und zu 1–2 EL Fenchelwasser angießen.

4 Nudeln in reichlich kochendem Salzwasser, gemischt mit Fenchelwasser und einigen Tropfen Öl, al dente kochen. Backofen auf 200° (Gas Stufe 3) vorheizen. In einer Pfanne 3 EL Olivenöl erhitzen und die restlichen Sardinen beidseitig etwa 2 Min. anbraten. Salzen und pfeffern. Bucatini abgießen und lagenweise in eine Gratinform einfüllen. Jede Schicht mit Sauce übergießen und gebratene Sardinen darauf verteilen. Im vorgeheizten Backofen abgedeckt 10–15 Min. überbacken.

Penne all'arrabbiata

Nudeln mit Chilisauce

Aus Latium · Sehr scharf

Zutaten für 4 Portionen:
100 g geräucherter, durchwachsener Speck
200 g frische Egerlinge oder Steinpilze
400 g reife Tomaten (oder aus der Dose)
2 Knoblauchzehen
400 g Penne (Nudelröhrchen)
50 g Butter
2 kleine getrocknete Chilischoten
Salz · 6–8 Basilikumblätter
50 g Pecorino, frisch gerieben

Zubereitungszeit: 45 Min.

Pro Portion: 2800 kJ/670 kcal

1 Speck in feine kurze Streifen schneiden. Pilze putzen, überbrausen und in Scheiben schneiden. Frische Tomaten kurz in kochendes Wasser tauchen, enthäuten, die Stengelansätze und die Kerne entfernen. Das Fruchtfleisch würfeln. Knoblauch in feine Scheibchen schneiden.

2 In einem Topf reichlich Salzwasser aufkochen. Nudeln mit einigen Tropfen Olivenöl al dente garen.

3 Inzwischen in einer großen Pfanne Butter zerlassen. Speckstreifen mit Knoblauch darin anbraten. Pilze dazugeben und 5–6 Min. unter Rühren mitschmoren. Tomaten und die Chilischoten im ganzen hinzufügen. Mit Salz abschmecken. Zugedeckt etwa 15 Min. bei mittlerer Hitze köcheln lassen. Mit etwas Nudelwasser ablöschen.

4 Penne abgießen, gut abtropfen lassen und in die Pfanne geben. Nudeln mit der Sauce vermischen. Chilischoten nach Wunsch entfernen. Basilikumblätter waschen, trockentupfen und damit die Penne garnieren. Nudeln in der Pfanne servieren. Dazu den Pecorino reichen.

Trenette al pesto genovese

Aus Ligurien · Gelingt leicht

Trenette Genueser Art

Zutaten für 4 Portionen:
2 Knoblauchzehen
Salz
3 Bund Basilikum
nach Belieben 1 Chilischote
1 EL Pinienkerne
2 EL Parmesan, frisch gerieben
2 EL Pecorino, frisch gerieben
100 ml Olivenöl, kaltgepreßt
2 junge, kleine Kartoffeln
400 g Trenette (oder Spaghetti)

Zubereitungszeit: 30 Min.

Pro Portion: 2800 kJ/670 kcal

1 Knoblauchzehen schälen, grob zerkleinern und mit einer Prise Salz in einen Mörser geben.

2 Basilikum waschen, trockenschütteln, Stiele entfernen, die Blätter grob hacken. Wer's gerne scharf mag, kann auch 1 Chilischote ins Pesto mischen: Chilischote längs aufschlitzen, von den Kernen befreien und in feine Streifen schneiden. Basilikum, Chilischote und die Pinienkerne ebenfalls in den Mörser geben und zerstoßen.

3 Parmesan und Pecorino daruntermischen. Olivenöl langsam hinzugießen und so lange rühren, bis eine cremige Paste entsteht.

4 Kartoffeln schälen, in Stücke schneiden und in reichlich Salzwasser etwa 10 Min. vorgaren. Trenette-Nudeln dazugeben und bißfest garen.

5 Vorbereitete Pestosauce mit 2–3 EL kochendem Nudelwasser geschmeidig rühren.

6 Kartoffeln und Nudeln in ein Sieb gießen, abtropfen lassen und in eine vorgewärmte Schüssel geben. Mit der Sauce schnell und gründlich vermischen. Das Nudelgericht heiß servieren.

Wein: Dazu paßt leichter, trockener Weißwein, z. B. Soave Superiore aus Venetien.

Tip! Nicht ganz traditionell, aber wesentlich schneller können Sie die Sauce zubereiten, wenn Sie alle Zutaten mit dem Mixer oder Pürierstab zerkleinern.

Basilikum

Schon vor 4000 Jahren kam die »Königin der Kräuter« aus Indien nach Ägypten und gelangte von dort über Rom nach Südeuropa. Vom griechischen »basilikon« kommt ihr Name: königlich. Dem Basilikum werden seit alters her heilsame Eigenschaften zugeschrieben. So soll es stärkend, beruhigend, krampflösend und appetitanregend wirken. Neben dem grünen Basilikum gibt es auch rote Sorten. Das Buschbasilikum besitzt kleine grüne Blättchen. Allen drei Arten gemeinsam ist der süßlich-pfefferartige Geschmack. Unmittelbar vor oder während der Blüte ist die beste Erntezeit, dann ist der Gehalt an aromagebenden ätherischen Ölen am höchsten. Geradezu klassisch ist Basilikum im berühmten ligurischen Pesto (Rezept S. 64) und in vielen Tomatengerichten. Zerrieben oder gehackt paßt es aber auch ausgezeichnet zu Fleisch, Saucen, Suppen und Marinaden. Es sollte allerdings nicht mitgekocht werden. Konserviert wird das Basilikum in Italien meist in Olivenöl: Gewaschene und trockengetupfte Blätter werden sorgfältig in ein Glas geschichtet und in Olivenöl eingelegt. Mit Basilikum gewürzter Weinessig eignet sich hervorragend für Salat.

Basilikum, ein königliches Würzkraut für Pesto, Tomaten und vieles mehr.

Spaghetti al tonno

Aus Sizilien · Gelingt leicht

Spaghetti mit Thunfisch

Zutaten für 4 Portionen:
150 g Thunfisch in Öl (Abtropfgewicht)
4 Sardellenfilets
1 Bund Petersilie
2 Knoblauchzehen
400 g reife Tomaten (oder aus der Dose)
3 EL Olivenöl, kaltgepreßt (+ Olivenöl zum Servieren)
1 frische Chilischote
Salz
400 g Spaghetti
2 EL Kapern
4–6 Basilikumblätter

Zubereitungszeit: 30 Min.

Pro Portion: 2300 kJ/550 kcal

1 Thunfisch gut abtropfen lassen und mit einer Gabel zerpflücken. Sardellenfilets abspülen und trockentupfen. Petersilie waschen, trockenschütteln und fein hacken. Knoblauchzehen schälen und in Scheibchen schneiden. Frische Tomaten überbrühen, enthäuten, Stengelansätze und Kerne entfernen. Tomaten aus der Dose abtropfen lassen. Das Fruchtfleisch zerkleinern.

2 In einer Pfanne 3 EL Olivenöl erhitzen. Knoblauch und Chilischote leicht anbraten. Sardellenfilets mitdünsten und mit einer Gabel zu einer Paste zerdrücken. Tomatenstücke mit gehackter Petersilie dazugeben. Alles leicht salzen und zugedeckt bei mittlerer Hitze 10–15 Min. köcheln lassen.

3 Inzwischen reichlich Salzwasser in einem Topf zum Kochen bringen. Spaghetti mit einigen Tropfen Olivenöl al dente kochen.

4 Den Thunfisch in die Sauce geben und mit Kapern bestreuen. Mit einigen EL Nudelwasser verdünnen. Die Sauce zugedeckt etwa 5 Min. eindicken lassen.

5 Spaghetti abgießen, gut abtropfen lassen und mit der heißen Sauce vermischen. Die Nudeln in eine vorgewärmte Schüssel geben. Basilikumblätter waschen, abtupfen und die Spaghetti damit garnieren. Nach Belieben mit einigen Tropfen Olivenöl beträufeln.

Spaghetti alla carbonara

Aus Latium · Schnell

Spaghetti mit Speck und Eiern

Zutaten für 4 Portionen:
150 g durchwachsener Speck ohne Schwarte
1 EL Olivenöl, kaltgepreßt
30 g Butter
400 g Spaghetti grossi oder Bigoli di Bassano
4 Eigelb
2 EL saure Sahne
100 g Parmesan, frisch gerieben
Salz
schwarzer Pfeffer aus der Mühle
1 Prise Muskatnuß, frisch gerieben

Zubereitungszeit: 30 Min.

Pro Portion: 3300 kJ/790 kcal

1 Speck in kleine Würfel schneiden. In einer großen Pfanne Olivenöl mit Butter erhitzen. Speckwürfel bei schwacher Hitze ausbraten.

2 Inzwischen die Spaghetti in reichlich kochendes Salzwasser geben und al dente garen.

3 Eigelb in einer Schüssel schaumig schlagen. Dann die saure Sahne hinzufügen und die Hälfte des Parmesans unterrühren. Mit Salz, Pfeffer und 1 Prise Muskatnuß würzen.

4 Spaghetti abgießen, gut abtropfen lassen und in die Pfanne mit den Speckwürfeln geben, kurz ziehen lassen, dann die Pfanne vom Herd nehmen. Die Eiermasse hineingießen und schnell unter die Spaghetti rühren. Spaghetti alla carbonara sofort anrichten. Mit Pfeffer würzen. Den restlichen Parmesan extra dazu reichen.

Varianten: Spaghetti alla carbonara ist ein klassisches Rezept, das aber viele Variationen kennt. Süße Sahne kann man vorher erwärmen oder ganz weglassen. Wichtig ist, die Eiermasse mit den Spaghetti schnell zu vermischen, damit die Eier nicht stocken und die Sauce cremig bleibt. Eventuell etwas Nudelwasser oder Sahne dazufügen.

Gnocchi di patate

Aus dem Trentino · Braucht etwas Zeit

Kartoffelnockerln mit geräuchertem Ricotta

Zutaten für 4 Portionen:
1 kg mehlige Kartoffeln
Salz
1 Ei
1 Eigelb
150 g Mehl
(+ Mehl für das Backbrett)
200 g geräucherter Ricotta
(ersatzweise Ricotta)
150 g Butter
6–8 Salbeiblätter
1 Prise Muskatnuß, frisch gerieben
schwarzer Pfeffer aus der Mühle
50 g Parmesan, frisch gerieben

Zubereitungszeit: 2 Std.

Pro Portion: 3300 kJ/790 kcal

1 Kartoffeln in Salzwasser weich kochen und pellen. Die heißen Kartoffeln durch die Presse auf ein bemehltes Backbrett drücken und abkühlen lassen.

2 Ei, Eigelb und Salz in die Kartoffelmasse geben und mit so viel Mehl verkneten, daß ein lockerer, homogener Teig entsteht. Hände und Backbrett immer gut bemehlt halten, der Teig darf nicht an den Fingern kleben.

3 Teig in kleine Portionen aufteilen und aus jeder Portion mit der bemehlten Handfläche fingerdicke Röllchen formen. Diese in 2–3 cm lange Stücke schneiden. Jedes Teigstückchen leicht mit Mehl bestäuben.

4 In einem großen Topf reichlich Salzwasser zum Kochen bringen. Gnocchi in kleinen Mengen nacheinander hineingleiten und zugedeckt bei schwacher Hitze 3–5 Min. ziehen lassen. Sobald die Gnocchi gar sind, steigen sie an die Oberfläche.

5 Ricotta in dünne kleine Scheibchen schneiden. In einer großen Pfanne die Hälfte der Butter zerlassen, 4 Salbeiblätter zart anbraten. Ricotta hinzufügen und in der Butter schwenken.

6 Gnocchi mit einem Schaumlöffel herausnehmen, gut abtropfen lassen und in die Pfanne hineingeben. Die restliche Butter und den Ricotta unter die Gnocchi mischen. Mit Muskatnuß und Pfeffer würzen. Gnocchi direkt in der Pfanne oder in einer vorgewärmten Schüssel mit Salbeiblättern anrichten. Frisch geriebenen Parmesan dazu reichen.

Wein: Zu Gnocchi paßt ein charaktervoller Rotwein aus dem Trentino, z. B. ein Teroldego Rotaliano.

Info: Die Kartoffeln sind je nach Jahreszeit mehr oder weniger mehlig. Falls nötig, muß man dem Gnocchiteig noch etwas Mehl zugeben.

Variante: Gnocchi verdi
(Spinatnockerln)
100 g frischen oder 50 g tiefgekühlten Spinat, gut ausgedrückt, fein hacken und mit 1 kg gekochten, durchpassierten Kartoffeln, mit 150 g Mehl und 1 Eigelb mischen. Gnocchi nach dem Rezept vorbereiten, mit 150 g zerlassener Butter übergießen und mit Parmesan bestreuen.

Tip! Ricotta affumicata ist ein schönes Mitbringsel aus Norditalien. Verpackt läßt sich geräucherter Käse im Kühlschrank auch für längere Zeit aufbewahren.

Polenta con tartufi

Aus Alba (Piemont) · Raffiniert

Polenta mit Käse und Trüffeln

Zutaten für 4 Portionen:
Polenta (Grundrezept):
1 ¼ l Wasser · 1 EL Salz
300 g Maisgrieß

Zum Verfeinern:
200 g Fontina · 100 g Butter
100 g Parmesan, frisch gerieben
1 kleine weiße Trüffelknolle (30–50 g)
weißer Pfeffer aus der Mühle

Zubereitungszeit: 1 Std.

Pro Portion:
3000 kJ/710 kcal

1 In einem schweren, hohen Topf das Wasser zum Kochen bringen und salzen. Maisgrieß unter ständigem Rühren langsam in das kochende Wasser einlaufen lassen, damit sich keine Klümpchen bilden. Etwa 30 Min. unter ständigem Rühren bei verringerter Hitze köcheln lassen, bis die Polenta eingedickt ist.

2 Fontina in Würfel schneiden und unter die Polenta mischen. Butter in einem kleinen Topf aufschäumen lassen. 60 g Parmesan und die flüssige Butter in den Brei einrühren. Alles zusammen etwa 5 Min., kräftig rührend, weiterköcheln lassen. Die Polenta soll in diesem Rezept ganz weich und cremig werden.

3 Mit einem Trüffelhobel die rohe weiße Trüffelknolle hobeln. Polenta mit einer Schöpfkelle auf den vorgewärmten Serviertellern anrichten, mit dem restlichen Parmesan bestreuen. Trüffel darüber verteilen und die Polenta mit Pfeffer würzen.

Variante: Polenta al piatto con ragù
(Polenta mit Ragoutsauce)
Eine Ragoutsauce wie im Rezept S. 57 vorbereiten. Polenta nach den angegebenen Mengen zubereiten, auf den Tellern verteilen und mit der Sauce servieren. Dazu nach Geschmack frisch geriebenen Parmesan reichen.

Polenta fritta

Aus Umbrien · Knusprig

Gebratene Polenta

Zutaten für 4 Portionen:
1 ¼ l Wasser · 1 EL Salz
300 g Maisgrieß · ¼ l Olivenöl
schwarzer Pfeffer aus der Mühle
nach Belieben 100 g Parmesan, frisch gerieben

Zubereitungszeit: 1 Std. (+ 2 Std. Auskühlen)

Pro Portion: 3400 kJ/810 kcal

1 Nach dem Grundrezept auf Seite 70 eine feste Polenta kochen.

2 Die Polenta in heißem Zustand auf ein großes Holzbrett stürzen, etwa 5 cm hoch glattstreichen und etwa 2 Std. auskühlen lassen. Mit einem Bindfaden in 1 cm breite Scheiben schneiden.

3 Olivenöl in einer großen Pfanne erhitzen. Polentascheiben hineinlegen und in etwa 8 Min. auf beiden Seiten goldgelb braten, bis sie knusprig sind.

4 Polentascheiben auf Küchenpapier abtropfen lassen, mit Pfeffer würzen und auf einem vorgewärmten Servierteller anrichten. Nach Wunsch frisch geriebenen Parmesan dazu reichen.

Variante:
Frittelle di polenta alla lodigiana
(Gebackene Polentaplätzchen aus Lodi)
Eine Polenta aus ½ l Milch und 100 g Maisgrieß vorbereiten. Auf ein Holzbrett stürzen, 1 cm hoch glattstreichen und abkühlen lassen. Mit einem Glas mit bemehltem Rand etwa 30 Kreisformen ausstechen. Die Hälfte der Polentaplätzchen mit je 1 Scheibe Fontina belegen. Mit den restlichen Polentaplätzchen bedecken und diese leicht andrücken. 2 Eier in einer tiefen Schüssel mit Salz verquirlen. Eine Frittelle nach der anderen hineintauchen. In Semmelbröseln wenden. 5 EL Olivenöl in einer Pfanne erhitzen. Frittelle in Öl beidseitig knusprig ausbacken.

SECCO
1988
SPORT

SECONDI PIATTI: PESCE

Fisch und Meeresfrüchte: Als zweiter Hauptgang kommt Fisch, Fleisch, Geflügel oder Wild auf den Tisch. An den Küsten Italiens stehen Fischgerichte immer noch an erster Stelle der traditionellen Speisekarte, obwohl im Mittelmeer viele Fischarten nicht mehr ins Netz gehen. Denn der Fischbestand ist in den letzten Jahren sehr zurückgegangen. Trotzdem ist die Fischtafel des vom Meer umschlossenen Stiefels reichlich besetzt. Berühmt ist der Fischeintopf Cacciucco alla Livornese. Ursprünglich als Resteverwertung für arme Fischer entstanden, die sich die besseren Fische selbst nicht leisten konnten, machte das Gericht kulinarische Karriere. So hat jede Küstenregion ihre eigene köstliche Variante entwickelt – unser Cacciucco stammt beispielsweise von der Toskanaküste. Beliebt ist auch Fritto misto – kleine knusprig ausgebackene Fische und Meeresfrüchte. Viel Phantasie und Liebe wird in Italien darauf verwendet, die See- und Süßwasserfische, die Schal- und Krustentiere immer wieder anders zuzubereiten. Sie werden gedünstet, gefüllt, gegrillt oder gebacken. Aber eins haben sie gemeinsam: sie schmekken immer fabelhaft.

Frische Kräuter und Knoblauch geben vielen italienischen Fischgerichten eine unverwechselbare Note.

Cacciucco alla viareggina

Aus Viareggio (Toskana) · Festlich

Gemischter Fischeintopf

Zutaten für 6 Portionen:
600 g gemischte kleinere ganze Fische (z. B. Makrele, Meerbarbe)
500 g verschiedene Fischfilets (z. B. Brasse, Dorsch, Meeräsche, Seebarsch, Seeteufel, Seezunge)
300 g kleine Tintenfische, küchenfertig vorbereitet
500 g Miesmuscheln
300 g Garnelen
Salz
1 Zwiebel
6 Knoblauchzehen
1 Möhre
2 Stangen Bleichsellerie
6 EL Olivenöl, kaltgepreßt
2 getrocknete Chilischoten
600 g reife Tomaten (oder aus der Dose)
¼ l trockener Weißwein
nach Belieben 1 Briefchen von 125 mg Safran
1 Bund Petersilie
frisches Weißbrot in Scheiben

Zubereitungszeit: 2 Std.

Pro Portion: 1900 kJ/450 kcal

1 Kleinere Fische ausnehmen, schuppen, unter fließendem Wasser gründlich waschen. Köpfe und Flossen abschneiden. Fischfilets in 3 cm große Portionsstücke teilen. Tintenfische putzen, abspülen und in etwa 1 cm breite Ringe schneiden. Miesmuscheln waschen, abbürsten und entbarten. Geöffnete Muscheln aussondern. Garnelen waschen, schälen und den Darm entfernen.

2 Ganze Fische in 1 l Salzwasser in einem Topf erhitzen. Zwiebel und Knoblauch schälen, Gemüse putzen, waschen, grob zerkleinern und mit 2 Knoblauchzehen in die kochende Fischbrühe geben. Etwa ½ Std. bei schwacher Hitze köcheln. Fische herausnehmen, das Fleisch von den Gräten ablösen. Brühe durch ein Sieb gießen, Fischstücke durchpassieren und zurück in den Topf geben.

3 In einem anderen Topf ¼ l Wasser zum Kochen bringen. Miesmuscheln zugedeckt bei starker Hitze dämpfen, bis sich die Muscheln geöffnet haben (etwa 5 Min.). Ungeöffnete Muscheln wegwerfen. Den Muschelsud durch ein feines Sieb filtern und zur Fischbrühe gießen. 8 Muscheln mit Schalen für die Dekoration aufbewahren, die übrigen aus den Schalen lösen und in eine Schüssel geben.

4 In einer großen Kasserolle 5 EL Olivenöl erhitzen. 3 ganze Knoblauchzehen mit den Tintenfischstücken andünsten. Chilischoten im ganzen hinzufügen. Tomaten überbrühen, enthäuten, vom Stengelansatz befreien, zerkleinern und dazugeben. Wenn die Sauce eingedickt ist, den Wein angießen. 15 Min. zugedeckt köcheln, salzen und nach Belieben mit Safran würzen.

5 Die festfleischigen Fischfilets in die Tomatensauce einlegen, die Hälfte der vorbereiteten Fischbrühe angießen und etwa 5 Min. leicht garen.

6 Die zartfleischigen Fischsorten (Seezunge, Seeteufel) und die ausgelösten Muscheln und Garnelen dazugeben und die restliche Fischbrühe angießen. Weitere 2 Min. ziehen lassen. Petersilie waschen, trockenschütteln, fein hacken und einstreuen. Knoblauchzehen und Chilischoten herausnehmen.

7 Weißbrotscheiben im Toaster rösten, mit 1 Knoblauchzehe einreiben und mit 1 EL Olivenöl beträufeln. Die gerösteten Brotscheiben getrennt zum Fischeintopf reichen.

Wein: Ein trockener Weißwein aus der Toskana, z. B. ein Vernaccia di San Gimignano, paßt immer.

Variante: Weißbrotscheiben in die Suppenteller legen und den Fischeintopf darüber verteilen.

Triglie alla livornese

Aus Livorno (Toskana) · Festlich

Rotbarben in würziger Tomatensauce

Zutaten für 4 Portionen:
1 Stange Bleichsellerie
1 Bund Petersilie
750 g reife Tomaten
3 Knoblauchzehen
5 EL Olivenöl, kaltgepreßt
1 getrocknete Chilischote
Salz
1/8 l trockener Rotwein
8 kleine oder 4 große Rotbarben (1200 g)

Zubereitungszeit: 1 Std. (+ 15 Min. Wässern)

Pro Portion: 2100 kJ/500 kcal

1 Sellerie putzen, abspülen und in 1 cm große Stücke schneiden. Petersilie waschen, trockenschütteln und fein hacken. Tomaten kurz in kochendes Wasser tauchen, enthäuten, die Stengelansätze und die Kerne entfernen. Das Fruchtfleisch klein hacken. Knoblauchzehen schälen und in Scheibchen schneiden.

2 In einer großen Pfanne 5 EL Olivenöl erhitzen. Knoblauch und die Hälfte der Petersilie kurz darin andünsten, dann Gemüse und Chilischote im ganzen dazugeben, umrühren und salzen. Die Sauce zugedeckt bei mittlerer Hitze etwa 20 Min. köcheln lassen. Ab und zu mit Rotwein begießen.

3 Rotbarben ausnehmen, schuppen und unter fließendem Wasser waschen. Die Fische etwa 15 Min. in kaltes Salzwasser legen, dann gut abtrocknen. Barben vorsichtig in die Pfanne mit der Sauce legen. Zugedeckt 15–20 Min. bei geringer Hitze mitschmoren, ohne sie zu wenden.

4 Den Fisch mit der restlichen Petersilie bestreuen. Als Beilage Weißbrot reichen.

Calamari ripieni

Aus Sardinien · Für Gäste

Gefüllte Kalmare mit Mangold

Zutaten für 4 Portionen:
8 mittelgroße Kalmare (1 kg)
Saft von ½ Zitrone
4 Sardellenfilets
1 Bund Petersilie · 1 Rosmarinzweig
2 Knoblauchzehen · 1 Ei
3 EL Semmelbrösel · Salz
schwarzer Pfeffer aus der Mühle
3 EL Olivenöl
0,2 l trockener Weißwein
500 g Mangold
nach Belieben 3 EL passierte Tomaten

Zubereitungszeit: 1 3/4 Std.

Pro Portion: 1800 kJ/430 kcal

1 Kalmare (Tintenfische mit langgestrecktem Körper zum Füllen) nach dem Rezept auf S. 36 vorbereiten. Fangarme für die Füllung verwenden. Körperbeutel innen mit dem Saft von ½ Zitrone beträufeln.

2 Fangarme zerkleinern, Sardellenfilets abspülen, trockentupfen und fein hacken. Petersilie und Rosmarin waschen, trockenschütteln. Knoblauch schälen und mit den Kräutern klein hacken. In einer Schüssel das Ei verquirlen, Kräuter, Sardellen und zerkleinerte Fangarme mit den Semmelbröseln vermischen, leicht salzen und pfeffern.

3 Tintenfischbeutel mit der Mischung locker füllen, mit weißem Küchenzwirn fest zunähen. In einer großen Kasserolle das Olivenöl erhitzen, gefüllte Kalmare rundum kräftig anbraten, mit einigen Tropfen Olivenöl beträufeln und mit dem Wein aufgießen. Die Temperatur reduzieren und zugedeckt bei geringer Hitze etwa 30 Min. schmoren lassen, bis das Fleisch zart ist (zur Probe mit einer Gabel einstechen).

4 Inzwischen den Mangold putzen, dabei die Stielenden kürzen, waschen und in 1 cm breite Streifen schneiden. Dann in kochendem Salzwasser kurz blanchieren, mit Eiswasser abschrecken und gut ausdrücken. Mangold zu den Kalmare 3–5 Min. vor Ende der Garzeit geben und durchschwenken. Salzen und pfeffern, nach Belieben 3 EL passierte Tomaten hinzufügen.

Cozze gratinate alla tarantina

Aus Tarent (Apulien) · Raffiniert

Gefüllte und überbackene Miesmuscheln

Zutaten für 4 Portionen:
2 kg frische Miesmuscheln
2 Bund Petersilie
4 Knoblauchzehen
6 EL Semmelbrösel
6 EL Pecorino, frisch gerieben
10 EL Olivenöl, kaltgepreßt
Salz
schwarzer Pfeffer aus der Mühle
2 Zitronen

Zubereitungszeit: 1 ½ Std.

Pro Portion: 2300 kJ/550 kcal

1 Miesmuscheln unter fließendem Wasser entbarten und abbürsten. Bereits geöffnete Muscheln herauslesen und wegwerfen. ¼ l Wasser zum Kochen bringen. Miesmuscheln zugedeckt bei starker Hitze dämpfen, bis sich die Muscheln geöffnet haben. Jetzt noch geschlossene Muscheln aussondern.

2 Petersilie waschen, trockenschütteln. Knoblauch schälen. Beides zusammen fein hacken und in eine Schüssel geben. Semmelbrösel, Käse und 7 EL Olivenöl hinzufügen und alles gut vermischen. Mit Salz und Pfeffer würzen.

3 Backofen auf 200° (Gas Stufe 3) vorheizen. Abgekühlte Muscheln in der Mitte auseinanderbrechen. Leere Schalen wegwerfen. Muschelhälften mit Füllung bestreichen und in eine flache feuerfeste Gratinform legen. Im Backofen portionsweise etwa 10 Min. backen, bis die Füllung leicht braun geworden ist.

4 Zitronen waschen und achteln. Cozze gratinate mit dem übrigen Olivenöl beträufeln und mit Zitronenspalten dekorieren. Knuspriges Weißbrot dazu servieren.

Wein: Dazu paßt ein frischer Weißwein aus Apulien, z. B. Castel del Monte.

Frische Muscheln werden auf unzähligen italienischen Märkten angeboten.

Muscheln

Die in der italienischen Küche am häufigsten verwendeten Muschelarten sind Miesmuscheln (Cozze, Mititi, Muscoli), Meerdatteln (Datteri di mare), Venusmuscheln (Vongole) und Herzmuscheln (Cuore edule). Die 5 bis 10 cm lange Auster des kleinen Mannes ist blauschwarz und besitzt löffelförmige Schalen. Heute züchtet man die Schaltierart meist in künstlichen Kulturen, den »Muschelgärten«. Die Muscheln wachsen in italienischen Kulturen an Gras- und Hanf-seilen heran. Haben die Muscheln ihre handelsübliche Größe erreicht, werden die Taue auf Boote gehievt und abgeerntet. Dabei löst man die verankerten Miesmuscheln von ihren Haftfäden, ihrem »Bart«. Meerdatteln vom Golf von La Spezia gelten als Delikatesse. Venusmuscheln findet man in unterschiedlichen Größen und Farben. Typisch sind ihre strahlig verlaufenden, gestreiften Rillen. Es gibt viele Arten von Herzmuscheln, die auf Schlamm- und Sandböden bis zu 10 m Tiefe leben. Sie sind herzförmig und besitzen rauhe, gewölbte Schalen mit Rillen. Venus- und Herzmuscheln werden mit Spezialschiffen geerntet. Unter Hochdruck preßt man Wasser in den Meeresboden und saugt den aufgewirbelten Sand mit den Muscheln durch ein Rohr an Bord.

Fritto misto del golfo

Aus Kampanien · Für den Sommer

Gemischte fritierte Fische

Zutaten für 4 Portionen:
500 g kleine Fische (z. B. Sardellen, Rotbarben, winzige Seezungen)
300 g kleine Tintenfische (Sepie), küchenfertig vorbereitet
300 g Garnelen
Pflanzenöl zum Fritieren
Mehl zum Wenden
3 Zitronen
Salz

Zubereitungszeit: 1 Std. (+ 15 Min. Wässern)

Pro Portion: 1000 kJ/240 kcal

1 Die Fischchen gründlich säubern. Köpfe und Flossen abschneiden, schuppen und unter fließendem Wasser abspülen. Fische etwa 15 Min. in eine Schüssel mit kaltem Salzwasser legen, dann in einem Sieb abtropfen lassen.

2 Küchenfertig vorbereitete Tintenfische gründlich waschen. Körper in Ringe, Tentakel in Stücke schneiden. Garnelen schälen, das Schwanzende daranlassen, Darmfaden entfernen.

3 Backofen auf 75° vorheizen. In einer Friteuse oder in einer Pfanne reichlich Pflanzenöl erhitzen. Fische und Meeresfrüchte trockentupfen, in Mehl wälzen, portionsweise ins heiße Öl geben und knusprig ausbacken. Dabei die Hitze etwas reduzieren, damit die Fische auch innen garen. Die Fische im Backofen warm halten. Dann die Tintenfische und am Schluß die Garnelen goldgelb fritieren.

4 Die fertigen Meeresfrüchte nach und nach mit einem Schaumlöffel herausheben, auf Küchenpapier abtropfen lassen und auf einer vorgewärmten Platte anrichten.

5 Zitronen heiß waschen, trockenreiben und in Achtel schneiden. Das Fritto misto mit Zitronenspalten garnieren, mit Salz bestreuen und sehr heiß servieren.

Wein: Dazu paßt trockener Weißwein.

Gamberoni allo spiedo

Aus Ligurien · Exklusiv

Garnelenspieße mit grüner Sauce

Zutaten für 4 Portionen:
2 Knoblauchzehen
1 Bund Petersilie
10 EL Olivenöl, kaltgepreßt (+ Öl zum Bestreichen)
32 mittelgroße Garnelen (ca. 800 g, roh oder vorgekocht) · Salz
schwarzer Pfeffer aus der Mühle
1 EL Kapern · 1 EL Pinienkerne
2 Sardellenfilets
3 schwarze Oliven
2 Zitronen · 1 Eigelb · 8 Spieße

Zubereitungszeit: 1 Std. (+ 1 Std. Marinieren)

Pro Portion: 2000 kJ/480 kcal

1 Knoblauch schälen. Petersilie waschen, abtropfen lassen und die Hälfte zusammen mit den Knoblauchzehen fein hacken. Kräuter in einem Teller mit 5 EL Olivenöl vermischen.

2 Garnelen waschen, abtrocknen und in der Marinade wenden, salzen und pfeffern und etwa 1 Std. durchziehen lassen.

3 Inzwischen die Sauce zubereiten: Abgetropfte Kapern mit Pinienkernen, Sardellenfilets, entkernten Oliven, übriger Petersilie und dem Saft von ½ Zitrone im Mixer pürieren. Eigelb in einer Schüssel schaumig schlagen, nach und nach 5 EL Olivenöl unterrühren. Zum Schluß die pürierte Masse dazugeben und zu einer cremigen Sauce glattrühren. Salzen und pfeffern.

4 Jeweils 4 Garnelen auf einen Spieß stecken. Unter dem vorgeheizten Grill oder über der Glut eines Holzkohlenfeuers rohe Garnelen etwa 10 Min., vorgekochte etwa 2 Min. auf jeder Seite grillen. Dabei immer wieder mit Olivenöl bestreichen.

5 Die fertigen Gamberoni auf vorgewärmten Tellern anrichten und mit Zitronenspalten garnieren. Dazu die Sauce und Weißbrot reichen.

Torta di pesce

Aus Kampanien · Braucht etwas Zeit

Fischtorte

Zutaten für 4–6 Portionen, runde Gratinform 28 cm Ø:

Für den Teig:
125 g Butter
250 g Mehl
Salz
4 EL Milch

Für die Füllung:
200 g Rundkornreis
Salz
nach Belieben ½ Briefchen Safran, 62,5 mg
2 Eier
100 g Parmesan, frisch gerieben
weißer Pfeffer aus der Mühle
2 kleine Zwiebeln
1 Möhre
1 Stange Bleichsellerie
1 Bund Petersilie
200 g Champignons
4 EL Olivenöl
100 g frische enthülste Erbsen (ersatzweise tiefgekühlte)
⅛ l Weißwein
1 Knoblauchzehe
500 g Fischfilet (z. B. Kabeljau, Meeräsche oder Seebarsch)
Saft von 1 Zitrone
2 EL Rosinen
2 EL Pinienkerne
3 EL Butter
1 EL Semmelbrösel

Zubereitungszeit: 2 Std. (+ 1 Std. Ruhen, 30 Min. Marinieren)

Bei 6 Portionen pro Portion: 3200 kJ/760 kcal

1 Butter in Stücke schneiden. Mehl in eine Schüssel geben, ½ TL Salz hinzufügen und mit der Butter vermischen. Die Masse mit kalter Milch zu einem glatten Teig kneten. Teig etwa 1 Std. im Kühlschrank ruhen lassen.

2 Reis in ½ l kochendem Salzwasser gar kochen, bis die ganze Flüssigkeit verdampft ist. Nach Belieben Safran in 3 EL heißem Wasser auflösen und unter den Reis mischen. Eier verquirlen und mit 60 g geriebenem Parmesan unter den heißen Reis mischen. Mit Pfeffer würzen. Reis abkühlen lassen.

3 Zwiebeln schälen und kleinschneiden. Möhre und Sellerie putzen, Petersilie waschen, trockenschütteln. Das ganze Gemüse fein hacken. Pilze putzen, kurz überbrausen, trockentupfen und in Scheiben schneiden.

4 In einer Pfanne 2 EL Olivenöl erhitzen. Zwiebeln glasig dünsten, das gehackte Gemüse anschmoren, die Hälfte der Petersilie und dann die Pilze mitbraten. Grüne Erbsen dazugeben. Mit Weißwein ablöschen und ohne Deckel unter Rühren bei mittlerer Hitze 10–15 Min. einkochen lassen, salzen.

5 Knoblauchzehe schälen, in feine Scheiben schneiden. Das Fischfilet abbrausen, trockentupfen, mit dem Saft von 1 Zitrone beträufeln und etwa 30 Min. ziehen lassen. Dann den Fisch mit Salz bestreuen. In einer Pfanne 2 EL Olivenöl erhitzen, Knoblauch kurz darin andünsten. Das Fischfilet beidseitig anbraten und mit einer Gabel zerpflücken. Backofen auf 200° (Gas Stufe 3) vorheizen.

6 Die restliche Petersilie, die Rosinen, Pinienkerne und das gedünstete Gemüse unter den Fisch mischen.

7 Eine Gratinform mit 1 EL Butter ausstreichen und mit Semmelbröseln ausstreuen. Den Teig mit einem Nudelholz ausrollen und darauf legen, ringsherum einen Teigrand bilden. Die Hälfte vom Reis in die Form füllen, die vorbereitete Fisch-Gemüse-Mischung einschichten und mit dem übrigen Reis abdecken. 2 EL Butter in Flöckchen darauf verteilen. 40 g Parmesan darüber streuen. Im vorgeheizten Backofen etwa 30 Min. bei 180° (Gas Stufe 2) backen. Die Fischtorte lauwarm oder kalt mit gemischtem Salat servieren.

Wein: Dazu schmeckt ein aromatischer Weißwein aus Venetien, z. B. ein Bianco di Custoza.

Orata al forno con patate

Aus Apulien · Raffiniert

Überbackene Goldbrasse mit Kartoffeln

Zutaten für 4 Portionen:
1 frische Goldbrasse (etwa 800 g) (ersatzweise andere Brassen, küchenfertig vorbereitet)
5 mittelgroße Kartoffeln
Salz
schwarzer Pfeffer aus der Mühle
2 Knoblauchzehen
2 Rosmarinzweige
6 EL Olivenöl, kaltgepreßt
6 Salbeiblätter
4 EL trockener Weißwein
1 Zitrone

Zubereitungszeit: 1 ½ Std. (+ 15 Min. Wässern)

Pro Portion: 2000 kJ/480 kcal

1 Goldbrasse schuppen, ausnehmen, gründlich innen und außen abspülen und etwa 15 Min. in kaltes Salzwasser legen, mit Küchenpapier trockentupfen. Kartoffeln waschen, schälen und in Stücke schneiden.

2 Den Fisch innen and außen mit Salz und Pfeffer würzen. Knoblauchzehen schälen und im ganzen mit einem Rosmarinzweig in den Fischbauch geben.

3 Backofen auf 200° (Gas Stufe 3) vorheizen. Eine große Gratinform mit 3 EL Olivenöl ausgießen. Kartoffelstücke auf den Boden schichten, Salbeiblätter und 1 Rosmarinzweig darauf verteilen, die Kartoffeln mit 1 EL Olivenöl beträufeln, salzen und pfeffern und etwa 15 Min. (Mitte) backen.

4 Den vorbereiteten Fisch auf die Kartoffelscheiben betten und im Backofen weitere 30–35 Min. garen. Ab und zu Weißwein angießen.

5 Zitrone vierteln. Die Goldbrasse auf einer Platte mit den Kartoffeln und den Zitronenvierteln anrichten und mit 2 EL Olivenöl beträufeln. Heißservieren und erst am Tisch zerlegen.

Trota in padella

Aus dem Piemont · Raffiniert

Forelle in der Pfanne

Zutaten für 4 Portionen:
4 frische Forellen zu je 250–300 g, küchenfertig vorbereitet
Salz
schwarzer Pfeffer aus der Mühle
1 unbehandelte Zitrone
2 EL Sultaninen
1 Zwiebel · 1 Knoblauchzehe
1 Stange Bleichsellerie
8 Salbeiblätter · 1 Rosmarinzweig
60 g Butter · 3 EL Weißweinessig
3 Lorbeerblätter
300 ml Fischfond · 1 EL Mehl

Zubereitungszeit: 55 Min.

Pro Portion:
1700 kJ/
400 kcal

1 Forellen säubern, wenn nötig ausnehmen, gründlich waschen und trockentupfen. Die Fische innen und außen salzen und pfeffern. Zitrone heiß waschen, abtrocknen und Schale abreiben. Sultaninen etwa 15 Min. in lauwarmem Wasser einweichen.

2 Zwiebel und Knoblauch schälen und kleinhacken. Bleichsellerie putzen, waschen und fein schneiden. Kräuter abbrausen und trockentupfen.

3 In einer breiten Pfanne 50 g Butter zerlassen und das Gemüse darin etwa 5 Min. andünsten. Salbeiblätter hinzufügen. Forellen in die Pfanne legen und beidseitig 2–4 Min. anbraten. Mit Essig ablöschen. Abgeriebene Zitronenschale, Sultaninen, Rosmarinzweig und Lorbeerblätter dazugeben. Fische bei schwacher Hitze offen fertiggaren (wenn sich die Rückenflosse leicht herausziehen läßt, ist der Fisch gar). Mehrmals mit der Hälfte des Fischfonds begießen. Den Backofen auf 150° (Gas Stufe 1) vorheizen.

4 Forellen aus der Pfanne nehmen und im vorgeheizten Backofen auf einer Platte warm stellen. Das Mehl in 2 El Wasser verrühren und die Sauce damit binden. Die Sauce kurz aufkochen, nach und nach den restlichen Fischfond angießen und eindicken lassen. Die restliche Butter einrühren. Lorbeerblätter und Rosmarinzweig entfernen. Sauce mit Salz und Pfeffer abschmecken und mit den Forellen anrichten.

Sarde ripiene

Aus Sardinien · Kräftig

Gefüllte Sardinen

Zutaten für 4–6 Portionen:
1 Brötchen
⅛ l Milch zum Einweichen
12 große frische Sardinen (etwa 1 kg)
Salz
Saft von ½ Zitrone
4 Sardellenfilets
1 Knoblauchzehe · 2 Eier
1–2 EL Pecorino, frisch gerieben
schwarzer Pfeffer aus der Mühle
Mehl zum Wenden
4 EL Olivenöl, kaltgepreßt
1 Bund Petersilie
2 Zitronen

Zubereitungszeit: 1¼ Std.

Bei 6 Portionen pro Portion: 1600 kJ/380 kcal

1 Brötchen vierteln und in einer Schüssel mit Milch einweichen.

2 Sardinen ausnehmen, Köpfe abschneiden, Fische schuppen, an der Bauchseite öffnen und die Mittelgräte mitsamt dem Schwanz entfernen. Die Fische unter fließendem Wasser gründlich waschen und abtrocknen. Innen leicht salzen und mit dem Saft von ½ Zitrone beträufeln. Backofen auf 220° (Gas Stufe 4) vorheizen.

3 Brot gut ausdrücken und fein hacken. Sardellenfilets abspülen und trockentupfen. Knoblauch schälen und zusammen mit den Sardellen im Mörser zerstoßen. Brot untermischen und alles zu einer cremigen Paste verrühren. Eier verquirlen, Pecorino dazugeben und unter die Sardellenpaste ziehen. Mit Salz und Pfeffer würzen.

4 Sardinen mit der Mischung füllen und zusammenklappen. Gefüllte Fische in Mehl leicht wenden. 3 EL Olivenöl in eine Gratinform gießen. Fische einschichten und mit 1 EL Olivenöl beträufeln. Im vorgeheizten Backofen in 20–30 Min. goldgelb backen.

5 Petersilie waschen, trockenschütteln und fein hacken. 2 Zitronen in Scheiben schneiden. Sardinen auf einer vorgewärmten Platte anrichten, mit Petersilie bestreuen und mit halbierten Zitronenscheiben garnieren.

Wein: Ein junger sardischer Weißwein, z. B. Nurugus di Cagliari, paßt gut.

Tonno fresco in umido

Aus den Marken · Pikant

Frische Thunfischscheiben in Tomatensauce

Zutaten für 4 Portionen:
4 Scheiben frischer Thunfisch (600 g)
Mehl zum Wenden
5 EL Olivenöl, kaltgepreßt
1 kleine Zwiebel
1 Stange Bleichsellerie
1 Bund Petersilie
Salz
schwarzer Pfeffer aus der Mühle
2 Gewürznelken
½ l passierte Tomaten

Zubereitungszeit: 30 Min.

Pro Portion: 2100 kJ/500 kcal

1 Thunfischscheiben unter fließendem Wasser abspülen, abtrocknen und kurz in Mehl wälzen. In einer Pfanne 2 EL Olivenöl erhitzen. Thunfisch darin auf beiden Seiten ganz kurz anbraten und auf Küchenpapier abtropfen lassen.

2 Zwiebel schälen. Sellerie putzen, wenn nötig Fäden abziehen, Petersilie waschen und trockenschütteln, alles fein hacken. In einer Pfanne 3 EL Olivenöl erhitzen, Zwiebel darin glasig dünsten. Sellerie und die Hälfte der Petersilie etwa 5 Min. mitschmoren lassen. Salzen, pfeffern und mit Gewürznelken aromatisieren.

3 Das gedünstete Gemüse mit den passierten Tomaten ablöschen und etwa 10 Min. eindicken lassen. Thunfischscheiben hineinlegen und unter Wenden in etwa 10 Min. fertiggaren.

4 Thunfischtranchen auf einer vorgewärmten Platte anrichten, mit der Sauce umgießen und mit der übrigen Petersilie bestreuen. Heiß servieren.

Tip! Mit diesem Rezept kann man auch Zahnbrasse, frischen Lachs und Seebarsch zubereiten.

SECONDI PIATTI: CARNE

Das sind die Fleischgerichte, zu denen natürlich auch Lamm, Wild und Geflügel zählen. Grundsätzlich gibt es große Unterschiede zwischen den einzelnen Regionen. Im Norden tischt man z. B. weich geschmorte Kalbs- oder Rinderbraten auf, Ossobuco, mürbe Kalbshaxenscheiben mit Safranrisotto und Gremolata, einer frischen Gewürzmischung aus Zitronenschale, Petersilie und Knoblauch. Wildgerichte werden in den Alpengebieten mit Polenta gereicht. In ländlichen Gegenden findet man noch Tauben, Perlhühner und Hähnchen, die nur mit Mais- oder Weizenkörnern gefüttert werden. Venetien ist die Heimat des butterzarten Lebergerichtes Fegato alla veneziana. Schweinefleisch als saftige Rostbraten und Spanferkel vom Spieß ißt man gerne in der Emilia-Romagna. Die Marken sind berühmt für freilaufende Wachteln. Eine Spezialität der Toskana ist Lepre in umido, geschmortes Hasenragout in würziger Sauce. Bis weit über die Grenzen Italiens hinaus hat sich der Ruhm von Saltimbocca alla romana verbreitet, den hauchdünnen Kalbsschnitzeln mit Salbei aus Latium, oder vom zarten Vitello tonnato. Im Binnenland Mittel- und Süditaliens halten die Bauern Kaninchen, Schafe und Ziegen. Lamm und Zicklein werden traditionsgemäß zu Ostern geschlachtet, am Spieß gebraten, im Ofen gebacken oder als Ragout zubereitet. Für alle Fleischgerichte aber gilt: Qualität geht vor Quantität. Denn in Italien schätzt man kleine Fleischportionen – nur: exzellent zubereitet müssen sie sein!

Der erlesene Rotwein Dolcetto d'Alba paßt wunderbar zu Braten oder Geflügel.

Vitello tonnato

Aus dem Piemont • Raffiniert

Kalbfleisch mit Thunfischsauce

Zutaten für 6 Portionen:
1 Stange Bleichsellerie
1 Möhre
1 Zwiebel
1 Lorbeerblatt
2 Gewürznelken
1 kg Kalbsnuß
$^3/_4$ l trockener Weißwein
Salz
1 Dose Thunfisch ohne Öl (150 g)
3 in Öl eingelegte Sardellenfilets
2 Eigelb
3 EL Kapern
2 unbehandelte Zitronen
200 ml Olivenöl
Pfeffer aus der Mühle

Zubereitungszeit: 2 Std.
(+ 24 Std. Marinieren,
+ 3–4 Std. Kühlen)

Pro Portion: 2800 kJ/670 kcal

1 Den Sellerie, die Möhre und 1 Zwiebel grob zerteilen, mit 1 Lorbeerblatt und 2 Gewürznelken, dem Fleisch und $^3/_4$ l Weißwein in einen Topf geben. Zugedeckt 24 Std. durchziehen lassen.

2 Soviel Wasser angießen, daß das Fleisch gerade bedeckt ist, mit 1 TL Salz aufkochen. Bei schwacher Hitze offen knapp 1 Std. gar ziehen lassen. Im Sud abkühlen lassen.

3 Den Thunfisch abtropfen lassen, 3 Sardellenfilets trockentupfen und klein schneiden. Thunfisch, Sardellen, 2 Eigelb, 2 EL Kapern mit dem Saft von $^1/_2$ Zitrone fein pürieren. Mit einigen EL Brühe vom Sud und etwa 200 ml Olivenöl nach und nach zu einer sämigen Sauce rühren. Salzen und pfeffern.

4 Das Fleisch in dünne Scheiben schneiden, auf einer Platte anrichten. Gleichmäßig mit der Sauce überziehen, 3–4 Std. abgedeckt kühl stellen und durchziehen lassen. 1 $^1/_2$ Zitronen in dünne Scheiben schneiden und das Fleisch damit garnieren. 1 EL Kapern darüberstreuen.

Kapern

sind die grünen, noch geschlossenen pfefferkorn- bis erbsengroßen Blütenknospen des Kapernstrauches. Dieser Strauch wächst im Mittelmeergebiet und wird besonders in Süditalien angebaut. Ganz früh am Morgen werden die Kapern geerntet, denn dann sind sie so, wie sie sein sollen: hart und fest verschlossen, von oliv- bis blaugrüner Farbe. In diesem Stadium fehlt den Kapernknospen jegliche Würze. Nach dem Pflücken ruht die Tagesernte über Nacht – die Knospen welken und trocknen leicht an. Anschließend werden sie nach Größen sortiert, dann in ein würziges Bad eingelegt – entweder in purem Salz, in Salzlake oder in Essig. So bekommen Kapern ihren typischen Geschmack.

Sorgfältig werden die Kapern verlesen.

Kapern gibt es in unterschiedlichen Qualitäten – auf den ersten Blick erkennbar an der Größe der Knospen: Nonpareilles heißt die feinste und begehrteste Sorte. Die Rangfolge setzt sich fort mit größeren und pikanter werdenden Sorten: Surfines, Fines, Mifines, Capucines, Capotes und Capperoni.
Kapern geben vielen italienischen Gerichten eine raffinierte Note – zum Beispiel auch der sizilianischen Caponata und anderen Gerichten.

Ossobuco alla milanese

Aus Mailand • Für Gäste

Geschmorte Kalbshaxe

Zutaten für 6–8 Portionen:
4 mittelgroße Möhren
4 Stangen Bleichsellerie
3 mittelgroße Zwiebeln
3 Knoblauchzehen
4 EL Butter
6–8 Kalbshaxenscheiben (quer zum Knochen gesägt, etwa 3 kg)
Salz · schwarzer Pfeffer aus der Mühle
Mehl zum Wenden
6 EL Olivenöl, kaltgepreßt
¼ l Weißwein
1 kg reife Fleischtomaten (oder Tomaten aus der Dose)
1 Bund Petersilie
¼ l Fleischbrühe + Brühe zum Begießen
je ½ TL Thymian und Oregano
2 Lorbeerblätter

Für die Gremolata:
2 unbehandelte Zitronen
2 Bund glatte Petersilie
5 Knoblauchzehen

Zubereitungszeit: 50 Min. (+ 2–3 Std. Schmorzeit)

Bei 8 Portionen pro Portion: 2400 kJ/570 kcal

1 Möhren, Sellerie, Zwiebeln und Knoblauchzehen klein würfeln. Im Bräter bei schwacher Hitze Butter zerlassen. Sobald sie klar ist, das Gemüse unter Rühren darin anschmoren, bis es leicht gebräunt ist.

2 Die Kalbshaxen mit Küchengarn rund binden. Salzen, pfeffern, in Mehl wenden. Überschüssiges Mehl wieder abklopfen. In Olivenöl in einer großen Pfanne portionsweise bei mäßiger Hitze hellbraun braten. Herausnehmen und auf das angeschmorte Gemüse setzen.

3 Das Öl aus der Pfanne gießen. Bratfond mit ¼ l Weißwein aufkochen, dabei rühren, bis der Satz aufgelöst und der Wein auf 4–6 EL eingekocht ist. Den Backofen auf 175° (Gas Stufe 2) vorheizen.

4 Die Tomaten mit kochendem Wasser überbrühen, häuten, halbieren und die Kerne entfernen. Tomaten aus der Dose auf einem Sieb abtropfen lassen. In Stücke schneiden. Petersilie mit Stengeln grob hacken.

5 Pfannenfond mit Fleischbrühe aufgießen, gehackte Petersilie, Thymian, Oregano, Lorbeerblätter und Tomatenstücke dazugeben. Aufkochen, salzen und pfeffern.

6 Die Sauce über die Fleischstücke gießen. Auf dem Herd aufkochen. Deckel auflegen und in den Ofen schieben. 2–3 Std. schmoren, dabei die Scheiben alle 30 Min. mit etwas Brühe übergießen.

7 Für die Gremolata: Schale von 2 Zitronen fein abreiben. Petersilie fein hacken. 5 Knoblauchzehen ganz fein würfeln. Alles vermischen. Fertig geschmortes Fleisch vom Küchengarn befreien und in eine Schüssel heben. Gemüse mit Sauce darüber schöpfen. Mit Gremolata bestreuen.

Braciole di maiale alle olive

Aus Chieti (Abruzzen) · Gelingt leicht

Schweinekoteletts mit schwarzen Oliven

Zutaten für 4 Portionen:
4 Schweinekoteletts
Salz
Pfeffer aus der Mühle
Mehl zum Wenden
6 EL Olivenöl, kaltgepreßt
¼ l trockener Weißwein
100 g roher Schinken
1 mittelgroße Zwiebel
1 Knoblauchzehe
16 schwarze Oliven
300 g Tomaten (ersatzweise aus der Dose)
1 Lorbeerblatt
1 Bund Petersilie
1 hartgekochtes Ei

Zubereitungszeit: 50 Min.

Pro Portion: 3400 kJ/810 kcal

1 Backofen auf 150° (Gas Stufe 1) vorheizen. Von den Schweinekoteletts das Fett entfernen. Den Rand ab und zu einschneiden, damit die Koteletts sich beim Braten nicht wölben. Die Koteletts salzen, pfeffern und in Mehl wenden. In einer Pfanne 3 EL Olivenöl erhitzen. Das Fleisch von beiden Seiten etwa 3 Min. kräftig anbraten. Mit der Hälfte des Weines begießen und etwa 2 Min. ziehen lassen. Koteletts herausnehmen, auf einer feuerfesten Platte in den Backofen stellen, um sie warm zu halten.

2 Schinken würfeln. Zwiebel schälen, in feine Ringe schneiden. Knoblauchzehe schälen und fein hacken. Das Ganze mit 3 EL Olivenöl in die Pfanne geben und bei mittlerer Hitze kurz andünsten. Oliven halbieren und entkernen. Tomaten überbrühen, abschrecken, Haut abziehen, die Früchte vierteln, entkernen und mit den Oliven und dem Lorbeerblatt hinzufügen. Alles salzen und pfeffern. Zugedeckt etwa 10 Min. kochen lassen. Lorbeerblatt entfernen. Den restlichen Weißwein dazugießen und die Sauce offen etwas einkochen lassen.

3 Schweinekoteletts aus dem Backofen nehmen und in die Pfanne mit der Sauce legen (ausgetretenen Fleischsaft dazugeben). Petersilie waschen, trockenschütteln, fein hacken und über das Fleisch verteilen. Das Fleisch zugedeckt etwa 15 Min. bei schwächster Hitze schmoren lassen.

4 Schweinekoteletts auf einer Platte anrichten. Das hartgekochte Ei klein hacken und in die Sauce geben. Das Fleisch mit der Sauce überziehen und heiß servieren.

Fegato alla veneziana

Aus Venetien · Gelingt leicht

Gebratene Kalbsleber mit Zwiebeln

Zutaten für 4 Portionen:
400 g weiße Zwiebeln
1 Bund Petersilie
4 frische Salbeiblätter
50 g Butter
4 EL Olivenöl
¼ l Fleischbrühe (oder fertiger Kalbsfond aus dem Glas)
500 g Kalbsleber
Mehl zum Wenden
Salz
weißer Pfeffer aus der Mühle

Zubereitungszeit: 30 Min.

Pro Portion: 1600 kJ/380 kcal

1 Zwiebeln schälen und mit einem scharfen Messer in dünne Ringe schneiden. Petersilie und Salbeiblätter waschen und trockenschütteln. Petersilie fein hacken. In einer Pfanne die Hälfte der Butter und des Olivenöls erhitzen. Salbeiblätter darin schwenken, herausnehmen und beiseite legen. Zwiebelringe hineingeben und unter häufigem Umrühren bei schwacher Hitze etwa 15 Min. dünsten, bis sie weich und glasig sind. Dabei ab und zu mit etwas Fleischbrühe übergießen. Zwiebeln auf einem Teller warm stellen.

2 Kalbsleber sorgfältig enthäuten, ganz kurz abspülen, trockentupfen und in schmale Scheiben schneiden. Restliches Fett erhitzen. Leber in Mehl wenden und mit den Salbeiblättern in die Pfanne geben, beidseitig goldbraun anbraten. Restliche Fleischbrühe angießen und noch 2–4 Min. leise schmoren lassen, bis die ganze Flüssigkeit verdampft ist. Zum Schluß die Leberscheiben salzen und pfeffern.

3 Auf einen vorgewärmten Servierteller legen, mit den Zwiebeln anrichten. Petersilie über die Leberscheiben streuen. Heiß mit Polenta (Rezept S. 71) als Beilage servieren.

Variante: Fegato al vino bianco
(Kalbsleber in Weißwein)
500 g Leberscheiben in der Pfanne mit 50 g Butter 1–2 Min. anbraten. In einer Schüssel ⅛ l trockenen Weißwein mit 1 EL Mehl verrühren, über die Leberscheiben gießen und 2–4 Minuten schmoren lassen. Salzen und pfeffern.

Saltimbocca alla romana

Aus Latium · Schnell

Kalbsschnitzel mit Schinken und Salbei

Zutaten für 4 Portionen:
8 dünne Kalbsschnitzel (ca. 500 g)
100 g Butter
8 frische Salbeiblätter
8 Scheiben luftgetrockneter Schinken (Parma oder San Daniele)
Salz
weißer Pfeffer aus der Mühle
4 EL Marsalawein oder Weißwein

Zubereitungszeit: 20 Min.

Pro Portion: 1600 kJ/380 kcal

1 Kalbsschnitzel vorsichtig flachklopfen. In einer großen Pfanne Butter aufschäumen lassen, Salbeiblätter etwa 1 Min. darin schwenken, herausnehmen und beiseite legen.

2 Schinkenscheiben in der Salbeibutter etwa 2 Min. leicht anbraten und ebenfalls herausnehmen. Zum Salbei geben, warm stellen.

3 Kalbsschnitzel in der gleichen Pfanne pro Seite etwa 2 Min. braten. Mit wenig Salz und Pfeffer würzen.

4 Auf einer vorgewärmten Servierplatte die Kalbsschnitzel mit je 1 Scheibe Schinken und 1 Salbeiblatt anrichten und abgedeckt warm stellen.

5 Den Bratenfond mit Marsalawein und 1 EL Wasser ablöschen, aufrühren und über die Saltimbocca gießen. Sofort servieren. Weißbrot und Salat der Saison dazu reichen.

Wein: Ein frischer, leichter Weißwein aus Latium, z. B. ein Frascati oder ein Est! Est!! Est!!! di Montefiascone, passen gut dazu.

Info: Saltimbocca heißt wortwörtlich übersetzt: »Spring in den Mund!« Wie der Name ausdrückt, ist es nur ein Häppchen.

Hausgärtchen in Südtirol mit Salbeistrauch.

Salbei

Der Name Salbei kommt vom lateinischen »salvus« und heißt gesund. Schon vor 2000 Jahren empfahl der griechische Arzt Dioskorides Salbei zum Blutstillen, gegen Fieber und Nierensteine. Heute wird Salbei eher als Küchenkraut geschätzt. Die zarten Blätter des Echten Salbei kann man während des ganzen Sommers ernten. Die beste Erntezeit ist allerdings Mai/Juni, kurz vor dem Erscheinen der violett-bläulichen oder weißlichen Blüten, denn dann enthalten die Blätter die meiste Würzkraft. Die grünlich-silbergrauen filzigen Blätter enthalten ein ätherisches Öl, das dem Salbei den Duft und ein leicht bitteres Aroma verleiht. Das traditionelle Würzmittel bereichert viele Fleisch- und Fischgerichte der italienischen Küche. Erst beim Kochen entwickelt Salbei – sparsam verwendet – seinen vollen Geschmack. Auch getrockneter Salbei, dessen Blätter sich leicht zerreiben lassen, behält seine Würzkraft. Eine pikante Beilage zu Fleischgerichten sind frische Salbeiblätter, durch den Ausbackteig gezogen und in Fett schwimmend gebacken. Vielleicht wird Salbei deshalb so häufig als Gewürz verwendet, weil der Aberglaube besagt, sein Genuß mache den Menschen unsterblich.

Coniglio fritto

Aus der Toskana · Köstlich

Gebackenes Kaninchen

Zutaten für 6 Portionen:
1 Ei
6 EL Mehl
⅛ l Milch
Salz
1 junges zartes Kaninchen (etwa 1,5 kg, möglichst vom Händler in 14–16 Teile hacken lassen)
schwarzer Pfeffer aus der Mühle
Pflanzenöl zum Ausbacken
2 Zitronen

Zubereitungszeit: 50 Min. (+ 1 Std. Ruhen)

Pro Portion: 1900 kJ/450 kcal

1 In einer Schüssel das Ei schlagen, mit 5 EL Mehl verrühren. Nach und nach Milch dazugießen, bis ein cremiger, nicht zu flüssiger Ausbackteig entsteht. Leicht salzen. Den Teig etwa 1 Std. ruhen lassen.

2 Falls nötig, Kaninchen möglichst an den Gelenkstellen in 14–16 mundgerechte Stücke hacken. Kaninchenstücke unter fließendem Wasser abspülen, dabei alle Knochensplitter entfernen und abtrocknen. Mit Salz und Pfeffer würzen. Kaninchenstücke mit dem restlichen Mehl bestäuben und einzeln durch den Ausbackteig ziehen.

3 In einer Kasserolle reichlich Pflanzenöl erhitzen. Fleischstücke portionsweise auf beiden Seiten bei mittlerer Hitze in 5–10 Min. goldgelb ausbacken, dann bei schwacher Hitze unter öfterem Wenden in 20–30 Min. fertiggaren lassen.

4 Fleischstücke auf Küchenpapier gut abtropfen lassen. Zitronen heiß waschen, trockenreiben und in Spalten schneiden. Kaninchenstücke auf einer vorgewärmten Platte mit Zitronenachteln anrichten und heiß servieren.

Agnello in umido

Aus den Abruzzen · Für Gäste

Lamm in der Sauce mit grünen Erbsen

Zutaten für 4 Portionen:
4 Knoblauchzehen
1 Rosmarinzweig
1 kg Lammfleisch aus der Keule
Salz
schwarzer Pfeffer aus der Mühle
50 g geräucherter, durchwachsener Speck
6 EL Olivenöl
⅛ l trockener Weißwein
400 g reife Tomaten (oder aus der Dose)
1 Bund Petersilie
1 TL Thymianblätter, frisch oder getrocknet
500 g frische enthülste oder tiefgekühlte Erbsen

Zubereitungszeit: 2 Std.

Pro Portion: 4000 kJ/950 kcal

1 Knoblauchzehen schälen und in Scheiben schneiden. Den Rosmarinzweig waschen, trockentupfen und die Blättchen abzupfen. Lammfleisch kurz überbrausen und abtrocknen. Mit einem spitzen Messer in gleichmäßigen Abständen Löcher in das Fleisch stechen, dann mit Rosmarin und Knoblauch spicken. Salzen und pfeffern.

2 Speck würfeln. In einer großen Kasserolle Olivenöl erhitzen. Speck in die Kasserolle geben. Gespicktes Lammfleisch etwa 15 Min. darin anbraten. Mit Weißwein begießen und diesen offen verdampfen lassen.

3 Frische Tomaten überbrühen, enthäuten und die Kerne entfernen (Tomaten aus der Dose abtropfen lassen). Fruchtfleisch in Stücke schneiden. Petersilie waschen, trockenschütteln und fein hacken. Tomaten und Petersilie zum Lammfleisch geben. Mit Salz und Thymian würzen. Kurz aufkochen lassen, dann zugedeckt 30–40 Min. bei schwacher Hitze schmoren.

4 Frische Erbsen in die Kasserolle geben und im Bratensaft etwa 15 Min. bei schwacher Hitze ziehen lassen, bis sie zart sind. Tiefgekühlte Erbsen nur etwa 5 Min. köcheln lassen.

5 Das Fleisch auf einer vorgewärmten Platte anrichten, grüne Erbsen rundherum anordnen, Lamm mit der Sauce übergießen und heiß servieren.

Wein: Dazu paßt ein trockener Rotwein aus Sardinien, z. B. ein Oliena.

Lepre in umido

Aus der Toskana · Für Gäste

Hasenragout mit Sauce

Zutaten für 4 Portionen:
1 EL Weinessig
1 kg Hasenrücken (vom Händler in 8 Stücke hacken lassen)
1 große Zwiebel
2 Möhren
2 Stangen Bleichsellerie
2 Knoblauchzehen
2 Speckscheiben ohne Schwarte
200 g frische gemischte Pilze, mit Steinpilzen
3 EL Olivenöl
Salz
2 Rosmarinzweige
50 g Butter
1/4 l trockener Rotwein
1/2 l passierte Tomaten
2 Lorbeerblätter
schwarzer Pfeffer aus der Mühle

Zubereitungszeit: 1 1/2 Std. (+ 30 Min. Marinieren)

Pro Portion: 2700 kJ/640 kcal

1 Kaltes Wasser mit Weinessig in einer Schüssel mischen. Die Hasenstücke etwa 30 Min. ins Essigwasser legen. Fleisch herausnehmen, kurz überbrausen und abtrocknen.

2 Zwiebel schälen, in Ringe schneiden. Möhren und Sellerie putzen, Knoblauchzehen schälen und alles fein hacken. Speckscheiben in 1/2 cm breite Streifen schneiden. Pilze putzen, und grob zerkleinern.

3 In einer großen Kasserolle Olivenöl erhitzen. Die Hasenstücke mit Salz einreiben und etwa 15 Min. rundum kräftig anbraten. Speckstreifen und Zwiebelringe anbraten. Gehacktes Gemüse mit den Rosmarinzweigen dazugeben und etwa 5 Min. andünsten.

4 Inzwischen in einer Pfanne Butter zerlassen. Dann Pilze hinzufügen und etwa 5 Min. schmoren lassen.

5 1/8 l Rotwein in die Kasserolle gießen und bei mittlerer Hitze ohne Deckel verdampfen lassen, dabei die Hasenteile mehrmals umdrehen. Pilze in die Kasserolle geben. Das Ragout nach und nach mit passierten Tomaten und dem restlichen Rotwein ablöschen, dann die Lorbeerblätter hinzufügen. Mit Salz und Pfeffer würzen und zugedeckt in 1 Std. bei schwächster Hitze weich schmoren.

6 Hasenstücke und Rosmarinzweige herausnehmen. Das Fleisch auf einer vorgewärmten Platte anrichten, mit der Sauce begießen und sofort servieren.

Blühender Rosmarinstrauch in der Toskana.

Rosmarin

Rosmarin (übersetzt Meerestau) ist ein immergrüner, buschiger bis zu 2 m hoher Gewürzstrauch. Im Mittelmeerraum wächst er wild an den Berghängen. Schon die alten Römer schätzten dieses Heil- und Gewürzkraut, das der Venus, der Göttin der Liebe, geweiht war. Rosmarin symbolisiert nicht nur die Liebe, es dient auch als natürliches Heilmittel bei vielerlei Beschwerden. Seine Blüten sind lavendelblau, seltener weiß. Die lederartigen nadelförmigen Blätter duften sehr intensiv, fast nach einem Hauch von Kampfer. Rosmarin wird am besten nach der Blüte im Juni abgeerntet, frisch verwendet oder in Zweigen getrocknet. Das Würzkraut wird in der italienischen Küche vielseitig verwendet. Es paßt ausgezeichnet zu Fleisch, Geflügel, Wild, Fisch und Bohnen. Rosmarinzweige eignen sich auch zum Aromatisieren von Essig oder Olivenöl.

DI ORIGINE CONTROLLATA
GARANTITA
12% VOL
ITALIA

Tacchino al latte

Aus der Toskana · Delikat

Geschmorter Truthahn in Milch

Zutaten für 4 Portionen:
1 kg Truthahnfleisch in Stücken (Truthahnbrust oder -keule)
1 Zwiebel · 2 Möhren
1 Stange Bleichsellerie
4 Knoblauchzehen
4–6 Salbeiblätter
4 EL Olivenöl · 60 g Butter · Salz
weißer Pfeffer aus der Mühle
4 cl Weinbrand
¼ l Milch
250 g frische Pilze (Steinpilze, Egerlinge oder Maronen)

Zubereitungszeit: 1½ Std.

Pro Portion: 2100 kJ/500 kcal

1 Truthahnstücke abspülen und mit Küchenpapier abtrocknen. Zwiebel schälen, Möhren und Sellerie putzen, waschen und alles zusammen fein hacken. Knoblauchzehen schälen. Salbeiblätter waschen und abtupfen.

2 In einer großen Kasserolle Olivenöl zusammen mit den ganzen Knoblauchzehen erhitzen. 30 g Butter im heißen Öl zerlassen und die Salbeiblätter darin schwenken. Knoblauch wieder entfernen. Das Truthahnfleisch darin rundum golden anbraten. Mit Salz und Pfeffer würzen. Gemüse dazugeben und unter Rühren mitdünsten. Weinbrand mit ⅛ l Wasser verdünnen und das Geflügel damit nach und nach ablöschen. Zugedeckt bei schwacher Hitze 45–55 Min. je nach Größe der Fleischstücke schmoren lassen, dabei immer wieder etwas Flüssigkeit angießen. Das Fleisch mit Milch auffüllen und die Sauce unter Rühren etwas eindicken lassen. Truthahnstücke im vorgeheizten Backofen warm stellen.

3 Pilze putzen und in Scheiben schneiden. 30 g Butter zerlassen, Pilze darin kurz andünsten. Mit der Sauce ablöschen und etwa 10 Min. ziehen lassen. Truthahnstücke mit der Pilzsauce überziehen.

Faraona con patate

Aus der Emilia-Romagna · Festlich

Perlhuhn mit Kartoffeln und Schalotten

Zutaten für 4 Portionen:
1 kleines Perlhuhn (etwa 1 kg) mit der Leber
8 EL Olivenöl, kaltgepreßt
3 Salbeiblätter
Mehl zum Bestäuben · Salz
3 Scheiben geräucherter, durchwachsener Speck ohne Schwarte
2 Knoblauchzehen
1 kleine Orange oder Mandarine
schwarzer Pfeffer aus der Mühle
300 g junge kleine Kartoffeln
300 g Schalotten
1 Rosmarinzweig

Zubereitungszeit: 1¼ Std.

Pro Portion: 2600 kJ/620 kcal

1 Vom Perlhuhn die Leber herausnehmen. In einer kleinen Pfanne 1 EL Olivenöl erhitzen und mit 1 Salbeiblatt aromatisieren. Leber leicht mit Mehl bestäuben und kurz darin anbraten. Mit etwas Salz bestreuen und abkühlen lassen. Leber in kleine Stücke schneiden, 1 Scheibe Speck würfeln. Knoblauch schälen und mit den restlichen Salbeiblättern fein hacken. Orange oder Mandarine pellen, in Schnitze teilen und das Fruchtfleisch klein schneiden. Alles in einer kleinen Schüssel locker vermischen.

2 Perlhuhn sorgfältig abspülen, mit einem Küchentuch abtrocknen, innen und außen mit Salz und Pfeffer einreiben. Das Huhn mit der vorbereiteten Mischung füllen und mit Küchenzwirn zunähen. Die Brustpartie mit den übrigen Speckscheiben abdecken und festbinden. Backofen auf 220° (Gas Stufe 4) vorheizen.

3 Kartoffeln schälen, waschen, abtrocknen und in Scheiben schneiden. Schalotten schälen und halbieren. Eine Bratreine mit 3 EL Olivenöl ausgießen. Kartoffelscheiben auf dem Boden auslegen, mit 3 EL Olivenöl beträufeln, salzen und pfeffern. Die Rosmarinblätter vom Zweig zupfen und verteilen. Ringsherum die Schalotten im ganzen anordnen. Perlhuhn mit 1 EL Olivenöl bestreichen und in die Mitte setzen. Die Reine in den Backofen (Mitte) schieben und das Perlhuhn auf jeder Seite in 20–30 Min. knusprig braten, bis sich der Flügel leicht löst.

Pollo con le olive

Aus Siena (Toskana) · Gelingt leicht

Geschmortes Huhn mit Oliven

Zutaten für 4 Portionen:
1 Huhn (etwa 1,5 kg)
Salz
schwarzer Pfeffer aus der Mühle
10 frische Salbeiblätter
3 Knoblauchzehen
4 EL Olivenöl
1/8 l trockener Weißwein
600 g reife Eiertomaten
(oder Tomaten aus der Dose)
150 g schwarze fleischige Oliven

Zubereitungszeit: 1 Std.

Pro Portion: 3300 kJ/790 kcal

1 Küchenfertiges Huhn in 4 Teile zerlegen und waschen, dabei alle Knochensplitter entfernen. Abtrocknen. Mit Salz und Pfeffer würzen. Salbeiblätter waschen, trockentupfen. 6 Blätter fein hacken. Knoblauch schälen und in Scheibchen schneiden.

2 In einer breiten Kasserolle das Olivenöl erhitzen. Knoblauch und die gehackten Salbeiblätter in Öl schwenken und die Hühnerteile darin anbraten. Mit etwas Weißwein begießen.

3 Tomaten überbrühen, enthäuten, Stengelansätze und Kerne entfernen (Tomaten aus der Dose abtropfen lassen). Fruchtfleisch klein hacken und zum Huhn geben. Kurz mitdünsten und mit dem restlichen Weißwein ablöschen. Alles zugedeckt bei schwacher Hitze etwa 15 Min. schmoren.

4 Oliven halbieren, entkernen und dazugeben. Die Geflügelteile zugedeckt in weiteren 15 Min. fertiggaren.

5 Das Huhn auf einer vorgewärmten Platte mit den übrigen Salbeiblättern anrichten, mit der Sauce überziehen und servieren. Dazu Weißbrot reichen.

Wein: Ein leichter Rotwein aus dem Piemont, z. B. ein Dolcetto d'Alba, schmeckt vorzüglich dazu.

Fricassea di pollo

Aus Latium · Für Gäste

Frikassee vom Maishähnchen

Zutaten für 4 Portionen:
1 Maishähnchen (etwa 1 kg)
Salz
weißer Pfeffer aus der Mühle
Mehl zum Wenden
1 große weiße Zwiebel
3 EL Butter
4 EL Olivenöl
1/8 l trockener Weißwein
1 Lorbeerblatt
1/4 l Hühnerbrühe
2 Eigelb
Saft von 1 Zitrone
nach Belieben einige Petersilienblätter

Zubereitungszeit: 1 1/4 Std.

Pro Portion: 2300 kJ/550 kcal

1 Hähnchen sorgfältig innen und außen waschen und mit Küchenpapier abtrocknen. Mit einer Geflügelschere in 10–12 Stücke zerlegen, Knochensplitter entfernen, die Geflügelteile salzen, pfeffern und in Mehl wenden.

2 Zwiebel schälen und in dünne Ringe schneiden. In einer Kasserolle Butter und Olivenöl erhitzen. Hähnchenstücke darin rundum kräftig anbraten. Die gebräunten Teile auf einen Teller legen. Zwiebelringe im Bratensatz glasig dünsten, mit Weißwein ablöschen, Lorbeerblatt hinzufügen und die Sauce eindicken lassen, dann die Hälfte der Brühe angießen und etwa 2 Min. aufkochen. Geflügelteile wieder in die Kasserolle geben. Zugedeckt bei schwacher Hitze in 20–30 Min. fertiggaren. Zwischendurch ab und zu mit Brühe begießen und immer wieder einkochen lassen.

3 Backofen auf 150° (Gas Stufe 1) vorheizen. Die Kasserolle vom Herd nehmen. Geflügelteile aus der Sauce nehmen, auf eine feuerfeste Platte legen und im Backofen warm halten.

4 Eigelb mit Zitronensaft verquirlen. Zum Bratenfond geben und kräftig unterrühren. Salzen und pfeffern. Bei schwacher Hitze erhitzen, nicht kochen lassen. Geflügelstücke auf heißen Tellern anrichten, mit Sauce übergießen und nach Belieben mit einigen Petersilienblättern garnieren.

Piccioni ripieni al forno

Aus Umbrien · Exklusiv

Gefüllte Tauben aus dem Backofen

Zutaten für 4 Portionen:
4 kleine Tauben mit Innereien (evtl. vom Händler ausnehmen lassen)
Salz
schwarzer Pfeffer aus der Mühle
Küchengarn
4 Scheiben Pancetta (luftgetrockneter Bauchspeck ohne Schwarte)
6 EL Olivenöl

Für die Füllung:
20 g Butter
¹⁄₈ l trockener Weißwein
1 Bund Petersilie
4 Knoblauchzehen
1 dicke Scheibe Schinken (etwa 40 g)
2 Brötchen ohne Rinde
¹⁄₈ l Milch zum Einweichen
1 Ei
Muskatnuß, frisch gerieben

Zubereitungszeit: 1 ¹⁄₂ Std.

Pro Portion: 3300 kJ/790 kcal

1 Wenn nötig, die Tauben ausnehmen. Leber und Herzen putzen, waschen und trockentupfen. Die Tauben unter fließendem Wasser waschen und abtrocknen. Eventuell noch vorhandene Federkiele aus der Haut zupfen. Innen und außen salzen und pfeffern.

2 Für die Füllung in einer Pfanne Butter zerlassen, Taubenleber und -nieren darin kurz anbraten. Die Hälfte des Weißweins angießen und die Innereien etwa 10 Min. zugedeckt schmoren lassen. Mit Salz und Pfeffer würzen.

3 Petersilie waschen und trockenschütteln. Knoblauch schälen und beides hacken. Den Schinken würfeln. Backofen auf 200° (Gas Stufe 3) vorheizen.

4 Brötchen in Milch einweichen. Ei verquirlen. Leber und Nieren zerkleinern und mit Petersilie, Knoblauch und Schinkenwürfeln zum Ei geben. Mit Salz, Pfeffer und Muskat würzen. Brötchen ausdrücken, fein hacken, hinzufügen und alles zu einem Teig kneten.

5 Tauben mit der Masse füllen, mit Küchengarn zunähen oder mit Zahnstocher zustecken, in Schinkenscheiben wickeln und in die Bratreine mit Olivenöl legen. Die Tauben je nach Größe 60–70 Min. im vorgeheizten Backofen (Mitte) goldbraun braten. Ab und zu mit dem übrigen Weißwein begießen.

6 Die Tauben aus dem Ofen nehmen, Küchengarn entfernen und die Tauben mit einer Geflügelschere halbieren. Gebratene Kartoffeln dazu reichen.

Wein: Ein trockener Rotwein aus der Toskana, z. B. ein Chianti Classico, schmeckt vorzüglich dazu.

Quaglie al tegame

Aus Venetien · Gelingt leicht

Geschmorte Wachteln mit Rosinen und Blattspinat

Zutaten für 4 Portionen:
8 fleischige Wachteln (küchenfertig vorbereitet)
Salz
schwarzer Pfeffer aus der Mühle
8 Salbeiblätter
8 Knoblauchzehen
8 EL Rosinen
8 Zahnstocher
4 EL Olivenöl, kaltgepreßt
1/8 l trockener Weißwein
500 g Spinat

Zubereitungszeit: 50 Min.

Pro Portion: 2500 kJ/600 kcal

1 Wachteln putzen, Innereien herausnehmen, eventuell vorhandene Federkiele entfernen. Dann kurz abspülen und mit Küchenpapier abtrocknen. Die Vögel innen und außen mit wenig Salz und Pfeffer würzen.

2 Salbeiblätter waschen und trockentupfen. Knoblauchzehen schälen. Die Wachteln mit je 1 Salbeiblatt, 1 Knoblauchzehe und 1 EL Rosinen füllen. Die Bauchhöhlungen mit Zahnstochern verschließen.

3 Olivenöl in einer großen Kasserolle erhitzen und die Wachteln darin von allen Seiten in etwa 5 Min. goldbraun anbraten.

4 Wachteln mit der Hälfte des Weines ablöschen und zugedeckt bei schwacher Hitze 20–30 Min. schmoren. Ab und zu mit dem übrigen Weißwein begießen. Den Bratensaft ohne Deckel etwa 5 Min. etwas eindicken lassen.

5 Spinat putzen und gründlich waschen. Naß in eine Kasserolle geben und zugedeckt bei schwacher Hitze etwa 1 Min. dämpfen, bis die Blätter zusammenfallen. Spinat abgießen, gut ausdrücken und fein hacken, dann in der Kasserolle (Wachteln vorher herausnehmen) mit dem heißen Wachtelfond schwenken. Mit Salz und Pfeffer abschmecken.

6 Wachteln mit dem Bratensaft anrichten und zusammen mit dem Blattspinat servieren.

Wein: Ein trockener granatroter Wein aus der Basilicata, z. B. ein leicht moussierender Aglianico del Vulture, schmeckt zu diesem Gericht vorzüglich.

CRONACHE ITALIANE
al grigiore del mercato
Il boom
Bici

CONTORNI

Das sind hauptsächlich Gemüsegerichte, die als Beilagen, aber auch als eigenständige Gerichte gegessen werden. Z. B. werden viele berühmte Gemüsespezialitäten wie Bagna cauda, Caponata siciliana oder Melanzane alla parmigiana in Italien auch als Vorspeise oder Hauptgericht gegessen. Gemüse, Salate und Früchte gehören zu den größten Schätzen des Landes. Spinat ist hier ein königliches Gericht. Wilder Spargel zergeht auf der Zunge. Beliebt sind auch wilder Fenchel und junge Artischocken. Überhaupt ist man in Italien stolz auf die Fülle wildwachsender Kräuter, Gemüse und Salate. Tomaten und Artischocken werden in großem Stil angebaut. Unter den Gartengemüsen stehen Auberginen an erster Stelle, gefolgt von Paprika, die hier Peperoni heißen, Broccoli, Zucchini, Erbsen, Bleichsellerie und Möhren. Weiße Bohnen stehen in der Toskana fast auf jeder Speisekarte. Mit Mangold und dem herb-würzigen Rucola lassen sich köstliche Gerichte zaubern. An heißen Tagen begnügt man sich als Beilage mit Insalata mista, einem bunt gemischten Salat. Verwenden Sie nur beste Zutaten, so frisch und unverfälscht wie möglich. Das Gemüse wird nicht gekocht, sondern gedünstet. So behält es sein kräftiges Aroma und seine Vitamine – und schmeckt einfach unwiderstehlich gut.

Die Palette an Gemüsebeilagen und Salaten ist überwältigend. Die qualitätsbewußte Hausfrau kauft sie in Italien täglich frisch auf dem Markt.

Pomodori ripieni in insalata

Aus Kalabrien · Schnell

Gefüllte Tomaten

Zutaten für 4 Portionen:
8 große, mittelreife, feste Fleischtomaten
Salz
4 EL Olivenöl, kaltgepreßt
150 g Thunfisch in Öl (Abtropfgewicht)
150 g Mozzarella
1 Bund Basilikum
8 grüne Oliven ohne Stein
3 in Öl eingelegte Sardellenfilets
4 hartgekochte Eier
schwarzer Pfeffer aus der Mühle
4 große schwarze Oliven

Zubereitungszeit: 40 Min.

Pro Portion: 2200 kJ/520 kcal

1 Tomaten waschen, jeweils den Deckel abschneiden, Kerne und Fruchtfleisch vorsichtig mit einem Teelöffel herausheben. Fruchtfleisch fein würfeln. Kerne entfernen. Tomaten innen leicht mit Salz bestreuen. Mit der Öffnung nach unten stellen, damit überschüssige Flüssigkeit abfließen kann. Ausgehöhlte Tomaten innen mit 3 EL Olivenöl beträufeln.

2 Thunfisch gut abtropfen lassen und in kleine Stücke teilen. Mozzarella klein würfeln. Basilikum waschen, trockentupfen und die Hälfte davon fein hacken. Grüne Oliven in Ringe schneiden. Sardellen abtropfen lassen und zerkleinern. Eier schälen und würfeln. Diese Zutaten mit den Tomatenwürfeln in einer Schüssel locker vermischen. Mit Salz und Pfeffer aus der Mühle abschmecken.

3 Die ausgehöhlten Tomaten mit der Masse füllen und auf einzelnen Tellern anordnen. Schwarze Oliven halbieren und Fruchtfleisch von den Steinen lösen. Gefüllte Tomaten mit den Olivenhälften und den restlichen Basilikumblättern garnieren. Mit 1 EL Olivenöl beträufeln und als Beilage oder als Vorspeise servieren.

Variante:
Statt Thunfisch können Sie für die Füllung auch 8–10 EL gekochten Reis nehmen. Der Reis wird statt mit Basilikum mit 1 TL getrocknetem Oregano und gehackter Petersilie vermischt. Alle anderen Zutaten bleiben wie im Rezept auf dieser Seite beschrieben.

Tomaten trocknen unter der sengenden Sonne Süditaliens.

Tomaten

Vor langer, langer Zeit war die Tomate eine tropische Wildpflanze in den Anden Perus und Equadors. Später wurde sie von den Azteken kultiviert und angebaut und erreichte schließlich mit Kolumbus Europa. Die Pomodori, wie die Tomaten in Italien heißen, zu deutsch die »Goldäpfel«, sind heute aus der italienischen Küche nicht wegzudenken. Die Tomaten werden unterteilt in runde Tomaten, Fleischtomaten, Kirschtomaten und ovale bis längliche Sorten. Die länglichen Eiertomaten, San Marzano, gedeihen vor allem im Süden Italiens. Die köstlichsten Tomaten, Pachino genannt, wachsen in Kalabrien. Wenn die Erntezeit beginnt, treffen sich die Frauen Siziliens noch heute, um gemeinsam den Tomatenüberfluß zu konservieren. Jede Familie legt sich einen Vorrat an gepellten, in Gläser eingekochten, passierten oder in Flaschen haltbar gemachten Tomaten zu. Beliebt sind in Italien auch runde, besonders dickschalige Cocktailtomaten, Pomodori a grapolo, die an den Stielen aufgefädelt und bis in den Winter hinein kühl und luftig aufgehängt werden. Getrocknete Tomaten, Pomodori secchi, schmecken unvergleichlich würzig in Olivenöl.

Peperonata

Paprikagemüse

Aus Sizilien · Ganz einfach

Zutaten für 4 Portionen:
500 g reife Eiertomaten
1 kg rote und gelbe Paprikaschoten
2 große weiße Zwiebeln
6 EL Olivenöl, kaltgepreßt
Salz
1 Bund Basilikum

Zubereitungszeit: 50 Min.

Pro Portion: 940 kJ/220 kcal

1 Eiertomaten waschen und kurz in siedendes Wasser tauchen.

2 Tomaten mit dem Schaumlöffel aus dem Wasser nehmen und die Haut abziehen, Stengelansatz entfernen. Tomaten halbieren, in kleine Stücke hacken.

3 Paprikaschoten waschen, Deckel abschneiden. Schoten halbieren. Stiele, Kerne und weiße Rippen entfernen. Paprika in fingerbreite Streifen schneiden. Zwiebeln schälen, in feine Scheiben schneiden.

4 In einer Kasserolle 5 EL Olivenöl erhitzen, Zwiebelscheiben darin glasig dünsten.

5 Paprikastreifen dazugeben, leicht schmoren lassen und Tomatenwürfel hinzufügen. Mit Salz abschmecken.

6 Mischung mit ⅛ l Wasser ablöschen und bei schwacher Hitze zugedeckt 35 Min. leicht köcheln lassen. Ab und zu umrühren. Wenn sie zu trocken wird, zwischendurch noch etwas Wasser angießen.

7 Basilikum waschen, trockenschütteln und das Paprikagemüse mit den Blättern garnieren. Mit 1 EL Olivenöl beträufeln und heiß servieren.

Tip! Man kann die Peperonata mit 1–2 EL Kapern und/oder mit schwarzen Oliven anreichern. Mit 3 EL Essig abgelöscht, schmeckt sie auch kalt.

Fagioli all'uccelletto

Weiße Bohnen mit Salbei

Aus Florenz · Braucht etwas Zeit

Zutaten für 4–6 Portionen:
400 g getrocknete weiße Bohnenkerne (oder 800 g frische Bohnen zum Entkernen)
Salz · 400 g frische Tomaten (oder aus der Dose)
10 frische Salbeiblätter
4 Knoblauchzehen
6 EL Olivenöl, kaltgepreßt
schwarzer Pfeffer aus der Mühle

Zubereitungszeit: 2 Std. (+ 12 Std. Einweichen der getrockneten Bohnen)

Bei 6 Portionen pro Portion: 2000 kJ/480 kcal

1 Getrocknete Bohnen am Vorabend in 1 l Wasser einweichen. (Frische Bohnenkerne können gleich gekocht werden.) Am nächsten Tag die Bohnen in einen Topf mit 1 l Wasser geben, salzen und ohne Deckel zum Kochen bringen. Kurz aufwallen lassen und die Bohnen bei schwacher Hitze zugedeckt in etwa 1½ Std. weich köcheln. Frische Bohnenkerne haben kürzere Garzeiten (etwa 1 Std.). Am besten probieren, ob die Bohnen weich sind.

2 Frische Tomaten kurz in kochendes Wasser tauchen, enthäuten, die Stengelansätze und die Kerne entfernen. Tomaten aus der Dose abtropfen lassen. Das Fruchtfleisch in Stücke schneiden. Salbeiblätter waschen und abtupfen. Knoblauchzehen schälen und in feine Scheibchen schneiden.

3 In einer Kasserolle 4 EL Olivenöl erhitzen. Knoblauch und Salbeiblätter darin andünsten. Gegarte Bohnen abtropfen lassen, in die Kasserolle geben, mit Salz und reichlich schwarzem Pfeffer aus der Mühle würzen und etwa 5 Min. ziehen lassen.

4 Tomatenstücke hinzufügen und zugedeckt etwa 15 Min. bei schwacher Hitze garen. Mit dem restlichen Öl beträufeln und heiß servieren.

SALE
marino
fino
SALE
marino
fino
POMODORI

Caponata siciliana

Braucht etwas Zeit

Sizilianischer Gemüsetopf

Zutaten für 4–6 Portionen:
700 g Auberginen
Salz
2 mittelgroße weiße Zwiebeln
3 Stangen Bleichsellerie
500 g frische Tomaten
(oder aus der Dose)
10 EL Olivenöl, kaltgepreßt
schwarzer Pfeffer aus der Mühle
Mehl zum Wenden
4 Sardellenfilets in Öl
3 EL Weißweinessig
3 TL Zucker
50 g grüne Oliven
1 EL Kapern
1 EL Pinienkerne
nach Belieben 1 Bund Basilikum

Zubereitungszeit: 1 Std.
(+ 1 Std. Salzen der Auberginen)

Bei 6 Portionen pro Portion:
1000 kJ/240 kcal

1 Von den Auberginen die Stiele entfernen. Die Früchte waschen und längs in 1 cm dicke Scheiben schneiden. Die Gemüsestücke gleichmäßig mit Salz bestreuen, auf ein großes Sieb geben und 1 Std. ziehen lassen, damit die Bitterstoffe entzogen werden. Auberginen gründlich abspülen, mit Küchenpapier trockentupfen und in Würfel schneiden.

2 Zwiebeln schälen und in feine Ringe schneiden. Bleichsellerie putzen, Stangen teilen, diese gründlich waschen, wenn nötig Fäden abziehen und die Stangen in etwa 2 cm lange Stücke schneiden.

3 Tomaten kurz in kochendes Wasser tauchen, enthäuten, die Stengelansätze und die Kerne entfernen. Tomaten aus der Dose abtropfen lassen. Das Fruchtfleisch klein hacken.

4 In einer Kasserolle 2 EL Olivenöl erhitzen, Zwiebeln darin glasig dünsten und danach Sellerie etwa 5 Min. schmoren lassen. Salzen und pfeffern. Gemüse in einer Schüssel beiseite stellen.

5 In einer flachen Bratpfanne 6 EL Olivenöl sehr heiß werden lassen. Auberginenwürfel leicht in Mehl wenden und portionsweise darin etwa

8–10 Min. goldbraun ausbacken. Auberginen mit einem Schaumlöffel auf Küchenpapier legen und abtropfen lassen.

6 Pfanne säubern und 2 EL Olivenöl darin erhitzen. Sardellenfilets kurz anbraten, Tomaten hineingeben und nach etwa 7 Min. das vorbereitete Gemüse hinzufügen. Essig mit Zucker mischen, angießen und unter Rühren weitere 10–15 Min. bei schwacher Hitze anschmoren. Oliven entkernen und grob zerkleinern. Kapern abtropfen lassen und mit den Pinienkernen einrühren. Alles salzen und pfeffern.

7 Caponata in eine Servierschüssel geben und kalt stellen. Nach Belieben mit Basilikumblättern garnieren und als Beilage oder auch als Vorspeise anrichten.

Variante: Man kann die Caponata auch mit 1 EL in lauwarmem Wasser eingeweichten Rosinen (etwa 15 Min.) ergänzen. Rosinen mit dem Gemüse anschmoren lassen.

Tip! Caponata schmeckt vorzüglich als Beilage zu Schweinekoteletts mit Oliven, als Vorspeise mit geröstetem Weißbrot und als Hauptgericht mit Parmaschinken und Pecorino.

Carciofi fritti

Gebackene Artischocken

Aus der Toskana · Schnell

Zutaten für 4 Portionen:
8 junge fleischige Artischocken
Saft von 1 Zitrone
2 Eier
8 EL Mehl
Salz
4 EL Milch
10 EL Olivenöl zum Ausbacken
schwarzer Pfeffer aus der Mühle
2 Zitronen zum Servieren

Zubereitungszeit: 30 Min.
(+ eventuell 1 Std. Ruhezeit)

Pro Portion: 1000 kJ/240 kcal

1 Von den Artischocken (nur die jungen eignen sich für dieses Rezept) die Stiele abbrechen. Untere Blätter abschneiden, harte Außenblätter entfernen, die Blattspitzen einkürzen. Den weichen Blätterkegel der Länge nach vierteln. Aus jedem Viertel die lila Herzblätter und das »Heu« mit einem Messer herausschneiden. Geputzte Artischocken sofort in kaltes Zitronenwasser (mit Saft von 1 Zitrone) legen.

2 Eier mit Mehl in einer Schüssel verquirlen und mit einer Prise Salz würzen. Wenn nötig Milch hinzufügen und kräftig verrühren, bis ein nicht zu fester Ausbackteig entsteht (eventuell 1 Std. ruhen lassen). Artischockenviertel abtropfen lassen, einzeln in den Teig tauchen und wenden.

3 In einer Pfanne Olivenöl erhitzen. Artischockenviertel nach und nach darin rundum knusprig ausbacken, dann bei schwacher Hitze noch 5–6 Min. weiterbraten.

4 Goldbraune Artischocken auf Küchenpapier gut abtropfen lassen. Mit Salz und Pfeffer würzen. Zitronen in Achtel schneiden. Artischocken auf einer Platte mit Zitronenspalten anrichten und heiß servieren.

Variante: Nach diesem Rezept kann man auch 250 g Zucchini und 250 g blanchierte Blumenkohlröschen ausbacken. Die Zucchini vorher längs in Scheiben schneiden und mit Salz bestreuen. Dann durch den Teig ziehen.

Asparagi al prosciutto

Aus der Emilia-Romagna · Raffiniert

Überbackener Spargel mit Schinken

Zutaten für 4 Portionen:
1,5 kg grüner Spargel
Salz
70 g Butter
4 Scheiben Fontina (oder Gouda)
16 Scheiben luftgetrockneter Schinken (Parma oder San Daniele) oder evtl. Speckscheiben ohne Schwarte
50 g Parmesan, frisch gerieben
weißer Pfeffer aus der Mühle

Zubereitungszeit: 1 ½ Std.

Pro Portion:
2000 kJ/480 kcal

1 Die unteren Drittel der Spargelstangen schälen und die Stangen auf gleiche Länge schneiden. Spargel waschen und portionsweise mit Küchengarn zusammenbinden. In einem schmalen hohen Kochtopf 3 l Wasser zum Kochen bringen. Den Spargel aufrecht in kochendes Salzwasser geben (die Spitzen dürfen nicht mit Wasser bedeckt sein). Spargel zugedeckt in 10–15 Min. knapp gar kochen.

2 Backofen auf 200° (Gas Stufe 3) vorheizen. Eine feuerfeste Form mit der Hälfte der Butter fetten. Spargel aus dem Sud nehmen, mit Eiswasser abschrecken, damit die grüne Farbe erhalten bleibt, auf einem Küchentuch abtropfen lassen. Das Küchengarn entfernen. Käsescheiben in Würfel schneiden.

3 Den Spargel in 8 Portionen teilen und jede mit 2 Scheiben Schinken umwickeln. Spargelbündel schichtweise mit den Käsewürfeln in die Form geben. Butterflöckchen darauf verteilen.

4 Den Spargel mit Alufolie bedecken und etwa 8 Min. im Backofen überbacken. Alufolie entfernen, das Gericht mit Parmesan bestreuen und weitere 7 Min. backen. Spargel mit weißem Pfeffer aus der Mühle würzen und heiß servieren.

Tip! Grüner Spargel muß ganz frisch und knackig sein. Schauen Sie sich beim Kauf die unteren Enden genau an, vor allem wenn sie verpackt sind. Weißen Spargel großzügig schälen und die holzigen Endstücke entfernen. Spargel erst kurz vor dem Garen schälen, da er leicht austrocknet.

Melanzane alla parmigiana

Auberginenauflauf

Aus Parma · Braucht etwas Zeit

Zutaten für 4–6 Portionen:
1 kg Auberginen
Salz
600 g frische Tomaten
(oder aus der Dose)
1 Möhre
1 Stange Bleichsellerie
1 mittelgroße Zwiebel
2 Knoblauchzehen
3 EL Olivenöl, kaltgepreßt
(+ Olivenöl zum Ausbacken
+ zum Beträufeln)
1 Bund Basilikum
schwarzer Pfeffer aus der Mühle
1 frische, kleine Chilischote
Mehl zum Wenden
300 g Mozzarella
2 hartgekochte Eier
200 g Parmesan, frisch gerieben

Zubereitungszeit: 1 1/4 Std.
(+ 1 Std. Ziehenlassen der Auberginen)

Bei 6 Portionen pro Portion:
1700 kJ/400 kcal

1 Von den Auberginen die Stiele entfernen. Die Früchte waschen und der Länge nach in etwa 1 cm dicke Scheiben schneiden. Auberginen mit Salz bestreuen und auf ein Sieb legen. Um die Bitterstoffe zu entziehen, etwa 1 Std. ziehen lassen. Dann das Gemüse abspülen und trockentupfen.

2 Frische Tomaten überbrühen, enthäuten, die Stielansätze und die Kerne entfernen (Tomaten aus der Dose abtropfen lassen). Fruchtfleisch in Stücke schneiden. Möhre schälen und klein würfeln. Bleichsellerie waschen, wenn nötig Fäden abziehen. Die Stange in etwa 1/2 cm lange Stücke schneiden. Zwiebel und Knoblauch schälen und klein hacken. In einer weiten Kasserolle 2 EL Olivenöl erhitzen, die Zwiebel darin glasig dünsten, den Knoblauch kurz mitbraten. Dann Möhre und Sellerie hinzufügen und anschmoren. Tomatenstücke hineingeben. Basilikum waschen, trockentupfen, die Hälfte davon in Streifen schneiden und dazugeben. Mit Salz, Pfeffer und 1 ganzen Chilischote würzen. Zugedeckt bei schwacher Hitze etwa 20 Min. köcheln lassen. Chilischote entfernen.

3 In zwei Pfannen reichlich Olivenöl erhitzen. Auberginenscheiben kurz in Mehl wenden und portionsweise hineingeben, 5–10 Min. auf beiden Seiten goldgelb ausbacken. Die Auberginen auf Küchenpapier abtropfen lassen.

4 Backofen auf 190° (Gas Stufe 3) vorheizen. Mozzarella abtropfen lassen und würfeln. Hartgekochte Eier schälen und in Scheiben schneiden. Gratinform mit 1 EL Olivenöl auspinseln.

5 Die Gratinform mit einer Schicht Auberginen auslegen, frisch geriebenen Parmesan darüber streuen, Mozzarellawürfel und Eierscheiben darauf verteilen und mit Tomatensauce bedecken. In dieser Reihenfolge die Gratinform weiter füllen, bis alle Zutaten aufgebraucht sind. 2 EL Parmesan zum Überbacken aufheben.

6 Auberginenauflauf im Backofen (Mitte) etwa 35 Min. gratinieren. Auberginenauflauf herausnehmen, mit 2 EL Parmesan bestreuen und wieder in den Backofen schieben. Weitere 5–10 Min. überbacken.

7 Auberginenauflauf abkühlen lassen. Die Melanzane alla parmigiana mit den übrigen Basilikumblättern garnieren. Mit einigen Tropfen Olivenöl beträufeln und kalt servieren.

Wein: Dazu paßt ein Rotwein aus der Emilia-Romagna, z. B. Lambrusco di Sorbara.

Frittata di patate e zucchini

Aus Friaul · Gelingt leicht

Omelette mit Kartoffeln und Zucchini

Zutaten für 4 Portionen:
3 mittelgroße Kartoffeln
2 Zucchini (etwa 200 g)
1 mittelgroße Zwiebel
6 EL Olivenöl · Salz
1/2 TL frische Rosmarinblätter
(oder 1/4 TL getrocknete)
6 Eier
schwarzer Pfeffer aus der Mühle
1 Bund Petersilie

Zubereitungszeit: 45 Min.

Pro Portion: 2000 kJ/480 kcal

1 Kartoffeln schälen, waschen und in hauchdünne Scheiben schneiden. Zucchini waschen, beide Enden knapp abschneiden und die Früchte in etwa 1/2 cm dicke Scheiben schneiden. Zwiebel schälen und fein hacken.

2 In einer flachen Pfanne 4 EL Olivenöl erhitzen. Zuerst Zwiebel und dann Kartoffeln hineingeben und beidseitig anbraten. Mit Salz und Rosmarin würzen, dann zugedeckt 15–20 Min. dünsten. Zucchini hinzufügen und unter vorsichtigem Rühren weitere 5 Min. dünsten.

3 Die Eier mit Salz und Pfeffer in einer großen Schüssel verquirlen. Das Gemüse aus der Pfanne hineingeben und kräftig durchmischen. 2 EL Olivenöl in der gleichen Pfanne erhitzen, die Eier-Gemüse-Mischung hineingeben und etwa 5 Min. bei schwacher Hitze stocken lassen. Das Omelette wenden, die andere Seite goldbraun backen.

4 Petersilie waschen, trockenschütteln und fein hacken. Die Frittata auf eine vorgewärmte Platte legen, mit Petersilie bestreuen und heiß oder kalt servieren. Dazu Weißbrot reichen.

Crespelle magre di spinaci

Aus der Emilia-Romagna

Pfannkuchenrollen mit Spinat

Zutaten für 4 Portionen:
Für den Teig:
125 g Vollkornmehl
3 Eier · 1/4 l Milch
Salz
30 g Butter
schwarzer Pfeffer aus der Mühle

Für die Füllung:
500 g frischer Spinat
4 EL Rosinen
4 Scheiben roher Schinken
3 EL Olivenöl
30 g Butter
2 EL Pinienkerne
100 g Parmesan, frisch gerieben

Zubereitungszeit: 1 Std.
(+ 30 Min. Ruhen + 15 Min. Einlegen)

Pro Portion: 2900 kJ/690 kcal

1 In einer Rührschüssel aus Mehl, Eiern, Milch und Salz einen glatten Pfannkuchenteig rühren. 30 g Butter schmelzen und leicht abgekühlt unterheben. Nach Wunsch pfeffern. Teig etwa 30 Min. quellen lassen.

2 Spinat putzen, waschen und naß etwa 1 Min. zugedeckt dünsten, salzen. Die ganze Flüssigkeit ausdrücken. Spinat fein hacken. Rosinen etwa 15 Min. in Spinatwasser einlegen.

3 Schinken würfeln, in einer Pfanne mit 2 EL Olivenöl und der Hälfte der Butter anbraten. Spinat dazugeben, abgetropfte Rosinen und ganze Pinienkerne untermischen. Die Masse etwa 5 Min. ziehen lassen und in eine Schüssel geben. Mit der Hälfte des Parmesans vermischen.

4 Eine andere Pfanne mit Butter ausstreichen und aus dem Pfannkuchenteig nacheinander 8 hauchdünne Crêpes auf beiden Seiten goldgelb backen. Alle Pfannkuchen mit der Füllung belegen und aufrollen. Auf einer vorgewärmten Platte die Crespelle anordnen, mit dem restlichen Parmesan bestreuen, pfeffern und mit 1 EL Olivenöl beträufeln.

Variante: Crespelle al forno
(Überbackene Pfannkuchenrollen)
Pfannkuchen zubereiten und füllen. Eine Gratinform mit 1 EL Butter ausstreichen, 4 Crespelle einschichten, mit 100 g Mozzarellascheiben abdecken und die restlichen 4 Rollen darüber legen. Mit Béchamelsauce (Rezept S. 57) übergießen und im vorgeheizten Backofen bei 170° (Gas Stufe 2) in etwa 10 Min. goldgelb überbacken.

Bagna cauda

Aus dem Piemont · Gelingt leicht

Gemüsefondue mit Sardellensauce

Zutaten für 4–6 Portionen:
1 kleiner zarter Blumenkohl
200 g Broccoli
Salz
2 Fenchelknollen
1 junge Staude Bleichsellerie
3 Paprikaschoten (rot, grün und gelb)
1 Bund Möhren
2 Chicorée oder Zichorien
1 Bund Frühlingszwiebeln

Für die Dip-Sauce:
100 g Sardellenfilets in Öl
4 Knoblauchzehen
50 g Butter
200 ml Olivenöl, kaltgepreßt

Zubereitungszeit: 1 Std.

Bei 6 Portionen pro Portion:
2300 kJ/550 kcal

1 Blumenkohl putzen, Broccoli waschen, die holzigen Stielenden entfernen, und von den Stielen die dicke Haut abschälen. Das Gemüse in kochendem Salzwasser etwa 5 Min. sprudelnd kochen. Abgießen, in einem Sieb gut abtropfen lassen. Gemüse in Röschen teilen.

2 Vom Fenchel die Stiele, den Wurzelansatz, braune Stellen und die harten Rippen der Außenblätter entfernen. Die Knollen gründlich waschen und in Viertel teilen. Den Bleichsellerie in Stangen teilen, diese gründlich waschen, wenn nötig Fäden abziehen. Die Stangen gleichmäßig in etwa 5 cm lange Stücke schneiden.

3 Paprikaschoten waschen, halbieren. Stiele, Kerne und weiße Rippen entfernen. Die Schoten längs in etwa 1 cm breite Streifen schneiden. Möhren schälen und in Stifte schneiden. Chicorée putzen und in einzelne Blätter teilen. Die Blätter abbrausen und trockentupfen. Frühlingszwiebeln schälen, waschen und in längliche Stücke schneiden.

4 Sardellenfilets, wenn nötig, kurz wässern, abspülen und trockentupfen. Knoblauchzehen schälen und fein hacken. In einer schweren Pfanne oder Fonduepfanne Butter bei schwacher Hitze zerlassen. Den Knoblauch leicht andünsten. Sardellen dazugeben und mit einer Gabel zu Brei zerdrücken. Das Olivenöl nach und nach angießen. Unter häufigem Rühren etwa 5 Min. erhitzen, bis eine cremige Sauce entsteht. Weitere 5 Min. ziehen lassen.

5 Das Gemüse auf zwei Platten verteilen. Sardellensauce auf einem Rechaud am Tisch warm halten. Man nimmt sich ein Gemüsestück von der Platte, taucht es in die Sauce und ißt es von Hand. Dazu reichlich frisches Weißbrot anbieten.

Wein: Rotweine mit aristokratischem Charakter aus Piemont, wie z.B. ein Barolo, ein Bonarda oder ein Barbera, passen vorzüglich.

Variante: Pinzimonio
(Frisches Gemüse mit Kräuterdip)
10 EL Olivenöl, Salz, Pfeffer nach Belieben und 2 EL Kräuteressig oder Zitronensaft kräftig verrühren und zu dem vorbereiteten Gemüse servieren.

Tip! Man serviert die Bagna cauda traditionell in kleinen Steinguttöpfchen. Das klassische Gemüse zur Bagna cauda sind Karden (Cardi), die gebleichten Stengel einer Distelart.

OTTIMI DOLCI
LIEVITO
A. BERTOLINI S.r.l.
TORINO
VANILLINA
SUPPORTATA DA
ZUCCHERO
NETTO 1g

DOLCI

Zum Nachtisch reicht man in Italien Käse und als krönenden Abschluß ein Dolce, ein süßes Dessert. Als Käse paßt z. B. Pecorino, Parmesan, Gorgonzola oder geräucherter Scamorza, ein birnenförmiger Käse aus Büffelmilch. Die Auswahl an Dolci ist unübersehbar groß: Obst (Frutta) kommt entsprechend der Jahreszeit frisch auf den Tisch, leicht in Zitronensaft mariniert oder als Kompott Frutta cotta. Lassen Sie sich verführen, wenn Sie es wirklich süß mögen: Cassata alla siciliana, eine Art Hochzeitskuchen mit kandierten Früchten oder Zuppa inglese della mamma, eine einfache Variation der klassischen Zuppa inglese ohne kandierte Früchte, sind Highlights italienischer Küchenkunst. Diese traditionellen Nachspeisen tischt man allerdings fast nur zu festlichen Anlässen auf. Meistens bringen die Gäste den Kuchen selbst mit. Im Sommer gibt es Gelato oder Sorbet in allen Geschmacksrichtungen. Stilecht beschließen Sie Ihre italienische Mahlzeit mit einem Espresso. Zu manchen Desserts paßt auch ein Glas Prosecco oder ein Dessertwein, z. B. ein Marsala oder ein edler Vin Santo.

Ein originelles Dolce, aber nicht ganz ernst zu nehmen: Gelato misto mit dem schiefen Turm von Pisa.

Pesche ripiene

Aus Sizilien · Sommerdessert

Gefüllte Pfirsiche

Zutaten für 4 Portionen:
4 feste, reife Pfirsiche
50 g süße Mandeln
60 g Amaretti
(kleine Mandelmakronen) oder
Löffelbiskuits
1 TL Puderzucker
+ Puderzucker zum Bestäuben
2 kandierte Orangenscheiben
100 ml Prosecco · 2 EL Butter

Zubereitungszeit: 40 Min.

Pro Portion:
840 kJ/200 kcal

1 Pfirsiche überbrühen und die Haut abziehen. Die Früchte halbieren und entsteinen. Aus jeder Pfirsichhälfte etwas Fruchtfleisch herauslöffeln, so daß eine Mulde für die Füllung entsteht. Das herausgelöste Fruchtfleisch in eine Schüssel geben und mit einer Gabel zerdrücken.

2 Aus 3 aufgebrochenen Pfirsichsteinen die Kerne entnehmen. Mandeln kurz in kochendes Wasser tauchen und schälen. 8 ganze Mandeln zum Dekorieren beiseite legen. Die restlichen mit den 3 Pfirsichkernen in einem Mörser zerstoßen.

3 Amaretti (oder Löffelbiskuits) zerbröseln und zum Fruchtfleisch geben und die zerkleinerten Mandeln mit Puderzucker darunter mischen. Kandierte Orangenscheiben in Würfel schneiden und in die Masse geben. Mit Prosecco tränken und das Ganze kräftig verrühren.

4 Backofen auf 180° (Gas Stufe 2) vorheizen.

5 Die halbierten Pfirsiche mit der Masse füllen. Eine Gratinform mit Butter ausstreichen. Pfirsichhälften hineinsetzen, mit jeweils einem Mandelkern dekorieren und die Früchte mit eventuell restlichem Prosecco angießen.

6 Pfirsiche im Backofen 15–20 Min. überbacken. Mit Puderzucker bestäuben und heiß oder kalt servieren.

Pere ripiene con Gorgonzola

Birnen mit Gorgonzolafüllung

Aus der Lombardei · Raffiniert

Zutaten für 4 Portionen:
4 feste, große Birnen
Saft von 1 Zitrone
50 g milder Gorgonzola
3 EL Sahne, geschlagen
50 g gemahlene Walnüsse

Zubereitungszeit: 30 Min.

Pro Portion: 1100 kJ/260 kcal

1 Birnen sorgfältig schälen und der Länge nach halbieren. Den Stiel an einer Hälfte lassen. Kerngehäuse entfernen. Mit einem Teelöffel etwas Fruchtfleisch herauslösen und in eine Schüssel geben. Birnenhälften auf eine Platte legen, innen und außen mit Zitronensaft beträufeln.

2 Gorgonzola und geschlagene Sahne mit dem ausgehöhlten Fruchtfleisch cremig rühren.

3 Je 1 TL der Masse in den Höhlungen der Birnen verteilen. Die beiden Hälften vorsichtig zusammendrücken und auf Tellern anrichten. Mit den gemahlenen Walnüssen bestreuen.

Variante: Pere cotte
(Birnen in Sirup)
1 kg kleine feste Birnen schälen. In einem flachen Topf 6 cl Wasser mit 4 EL Zitronensaft, 4 EL Zucker, 1 Vanilleschote zum Kochen bringen, bis der Zucker aufgelöst ist. Birnen nebeneinander hineinsetzen, 10–20 Min. zugedeckt ziehen lassen. Früchte mit dem Sud kalt servieren.

Santo
D'ARBIA
75 cl

Frittelle di riso

Aus der Toskana · Braucht etwas Zeit

Reiskroketten

Zutaten für 4 Portionen:
½ unbehandelte Zitrone
½ unbehandelte Orange
½ l Milch
100 g Milchreis
50 g Butter
1 Prise Salz
2 Eigelb
2–3 EL Mehl
1 TL Trockenhefe
2 cl trockener Vin Santo oder Rum
2 EL Zucker
3 EL Rosinen
1 EL Pinienkerne
1 Eiweiß
Pflanzenöl zum Ausbacken
Puderzucker zum Bestäuben

Zubereitungszeit: 1 ¼ Std.
(+ 30 Min. Ruhen)

Pro Portion: 1600 kJ/380 kcal

1 Zitrone und Orange heiß waschen, trockenreiben. Von der Zitrone einige Streifen schälen, die Orangenschale fein abreiben.

2 Die Milch zum Kochen bringen. Den Reis dazugeben und unter Rühren etwa 1 Min. kochen lassen. Butter, 1 Prise Salz und die Zitronenstreifen dazugeben. Ohne Deckel bei schwacher Hitze 15–20 Min. köcheln lassen, bis der Reis weich ist. Dabei ab und zu umrühren. Reis vom Herd nehmen und etwas abkühlen lassen. Zitronenstreifen entfernen.

3 Den Reis mit Eigelb binden. Mehl, Hefe und Vin Santo bzw. Rum unter den Reis rühren. Die abgeriebene Orangenschale, Zucker und die Rosinen untermischen. Die Masse etwa 30 Min. ruhen lassen.

4 Pinienkerne dazugeben. Eiweiß zu Schnee schlagen und vorsichtig unter die Reismasse ziehen.

5 In einer Pfanne reichlich Pflanzenöl erhitzen. Reismasse löffelweise in das heiße Fett geben und auf beiden Seiten goldbraun ausbacken. Reiskroketten auf Küchenpapier abtropfen lassen und warm stellen.

6 Frittelle auf einer Platte anrichten, mit Puderzucker bestäuben und heiß servieren.

Wein: Dazu den übrigen Vin Santo oder einen Piccolit aus Friaul reichen.

Variante: Dolcini di riso
(Reisküchlein)
Die Reismasse nach dem angegebenen Rezept vorbereiten, dabei nur die Hefe und das Mehl weglassen. 30 g kandierte Früchte fein hacken und untermischen. Kleine Auflaufförmchen mit Butter ausstreichen, mit Semmelbröseln ausstreuen und mit der Reismasse füllen. Im Backofen bei 180° (Gas Stufe 2) etwa 15 Min. garen und warm servieren.

Info: Traditionell ißt man Frittelle di riso zum Vatertag.

Latteruolo

Aus der Emilia-Romagna · Delikat

Milchkuchen

Zutaten für 4 Portionen:
1 Vanilleschote
1 l Milch
100 g Zucker
8 Eigelb
2 Eiweiß
1 Prise Salz
50 g Butter
50 g Zucker
Saft von ½ Zitrone
5 cl Marsala

Zubereitungszeit: 2 Std.

Pro Portion: 2100 kJ/500 kcal

1 Vanilleschote längs aufschlitzen, Mark herausschaben. Milch mit Zucker und Vanillemark zum Kochen bringen und etwa 1 Std. bei schwacher Hitze köcheln, bis die Mischung sich zur Hälfte reduziert hat. Ab und zu umrühren. Milch durch ein feines Sieb in einen Topf geben und abkühlen lassen.

2 8 Eigelb schaumig rühren und in die Milch vorsichtig unterrühren. 2 Eiweiß mit einer Prise Salz zu Schnee schlagen und vorsichtig unter die Masse heben. Backofen auf 180° (Gas Stufe 2) vorheizen.

3 4 beschichtete Portionsförmchen mit Butter ausstreichen. Die Masse in die Formen gießen und mit Alufolie abdecken. Puddinge im warmen Wasserbad in den Backofen stellen und etwa 40 Min. eindicken lassen. Ist der Milchkuchen fertig, dann bleibt beim Hineinstecken ein Zahnstocher sauber.

4 Milchkuchen abkühlen lassen, aus den Formen stürzen. Zucker unter ständigem Rühren anbräunen lassen. Den Saft von ½ Zitrone und Marsala angießen. Latteruolo mit dem flüssigen Karamelzucker begießen und servieren.

Bignè di albicocche

Aus Ligurien · Delikat

Aprikosenkrapfen

Zutaten für 4 Portionen:
8 große, feste Aprikosen
4 cl Marsala
1½ EL Zucker
3 Löffelbiskuits
1 kandierte Orangenscheibe

Ausbackteig:
4 EL Mehl · 1 Prise Salz
1 TL Zucker
2 Eigelb
2–3 EL Milch
1 Eiweiß
geklärte Butter oder Pflanzenöl zum Ausbacken
15 g Puderzucker

Zubereitungszeit: 45 Min.
(+ 1 Std. Marinieren, + 1 Std. Ruhen)

Pro Portion: 710 kJ/170 kcal

1 Aprikosen in kochendes Wasser tauchen und kalt abschrecken, damit sich die Haut leicht abziehen läßt. Die Früchte enthäuten, mit einem scharfen Messer an der Fruchtnaht einschneiden und Steine vorsichtig herauslösen.

2 In einem tiefen Teller Marsala mit 1½ EL Zucker vermischen. Die Früchte darin aromatisieren und etwa 1 Std. ziehen lassen. Dabei die Aprikosen öfters wenden.

3 Mehl mit Salz in eine Rührschüssel sieben, 1 TL Zucker hinzufügen. 2 Eigelb untermischen und mit der Milch verrühren, bis ein glatter dickflüssiger Teig entsteht. Den Ausbackteig etwa 1 Std. ruhen lassen. Vor dem Ausbacken das Eiweiß zu Schnee schlagen und unter den Teig heben.

4 Aprikosensteine aufbrechen, Kerne entnehmen, kurz in kochendes Wasser tauchen und schälen. Kerne kleinhakken. Löffelbiskuits in einem tiefen Teller zerbröseln. Kandierte Orangenscheibe würfeln und mit den zerkleinerten Aprikosenmandeln unter die Biskuitbrösel mischen. Mit der Marsala-Marinade verrühren. Die Aprikosen löffelweise mit der Masse füllen und die Öffnung so zusammendrücken, daß die Füllung eingeschlossen ist.

5 In einer Pfanne reichlich Pflanzenöl oder Butter erhitzen. Die Früchte in den Teig tauchen, dann in die Pfanne geben und ringsum goldgelb ausbacken. Zum Abtropfen auf Küchenpapier legen. Die Aprikosen auf einer Platte verteilen und unmittelbar vor dem Servieren dünn mit Puderzucker bestäuben.

Zuppa inglese della mamma

Aus der Toskana · Für Gäste

Biskuits mit Schokolade- und Eiercreme

Zutaten für 6–8 Portionen:
4 Eigelb · 100 g Zucker
2 gehäufte EL Mehl
1 ½ l Milch
Schale von ½ unbehandelten Zitrone
100 g Kakaopulver
6 cl Alchermes (Florentiner Gewürzlikör)
200 g Löffelbiskuits

Zubereitungszeit: 1 Std. (+ 2 Std. Abkühlen)

Bei 8 Portionen pro Portion: 1500 kJ/360 kcal

1 Eigelb mit 70 g Zucker schaumig schlagen, Mehl dazugeben, nach und nach 1 l kalte Milch einrühren. Fein geriebene Zitronenschale beimengen. Die Mischung in einen schweren Topf füllen und unter ständigem Rühren erhitzen. 5–6 Min. bei schwacher Hitze köcheln, bis eine Creme entsteht. Vom Feuer nehmen und beiseite stellen.

2 Kakaopulver mit 30 g Zucker mischen und ½ l Milch einrühren. Kakaomischung bei mittlerer Hitze unter Rühren zum Kochen bringen, weitere 5 Min. eindicken lassen.

3 Alchermeslikör in einen tiefen Teller gießen. Eine Glasschüssel bereitstellen. Löffelbiskuits nacheinander mit dem Likör kurz tränken und auf dem Schüsselboden auslegen. Abwechselnd ⅓ l Eiercreme, ⅓ l der flüssigen Schokolade und Löffelbiskuits einschichten. Mit Eiercreme und Schokolade abschließen.

4 Die Zuppa inglese mindestens 2 Std. im Kühlschrank kalt stellen. Noch besser schmeckt sie am nächsten Tag, weil sich dann alles gut miteinander verbunden hat.

Tiramisù

Aus Turin · Gelingt leicht

Mascarponecreme

Zutaten für 4–6 Portionen:
3 Eier
4 EL Zucker
250 g Mascarpone
¼ l kalter Espresso
6 cl Vermouth (bianco) oder Marsala
200 g Löffelbiskuits
ungesüßtes Kakaopulver oder geraffelte Schokolade zum Verzieren

Zubereitungszeit: 30 Min. (+ 2 Std. Kühlen)

Bei 6 Portionen pro Portion: 1100 kJ/260 kcal

1 Eier trennen. Eigelb und Zucker in Rührschüssel schaumig rühren, bis die Masse ganz hellgelb und dick wird. Das Eiweiß zu Schnee schlagen.

2 Mascarpone löffelweise in die Eigelbmasse geben und zu einer homogenen Creme verrühren. Zum Schluß das Eiweiß unterziehen.

3 Espresso mit dem Vermouth oder Marsala mischen. Die Flüssigkeit in einen tiefen Teller gießen. Die Hälfte der Löffelbiskuits kurz hineintauchen, wenden und den Boden einer flachen Glasform damit auslegen.

4 Die Hälfte der Mascarponecreme über die getränkten Biskuits füllen.

5 Restliche Löffelbiskuits in die Flüssigkeit tauchen und einschichten. Die übrige Creme darübergeben, Oberfläche glattstreichen.

6 Tiramisù zugedeckt etwa 2 Std. im Kühlschrank kalt stellen. Das Dessert vor dem Servieren dick mit Kakaopulver bestäuben. Das gelingt leicht mit Hilfe eines kleinen Siebes.

Cassata alla siciliana

Berühmt · Osterdessert

Sizilianische Cassata

Zutaten für 8–10 Portionen, für eine Springform von 24 cm Ø:
Für den Biskuit (Pan di Spagna):
6 Eier
180 g Puderzucker
1 EL Vanillezucker
100 g Mehl
75 g Speisestärke

Für die Füllung:
300 g gemischte kandierte Früchte
1 Tafel zartbittere Schokolade
800 g Ricotta
200 g Puderzucker
1 EL Vanillezucker
100 ml Maraschinolikör oder Marsala

Zubereitungszeit: 2 Std. (+ 4 Std. Kühlen)

Bei 10 Portionen pro Portion: 2500 kJ/600 kcal

1 Für den Biskuit die Eier trennen. Eigelb mit Puderzucker und Vanillezucker schaumig rühren. Eiweiß steifschlagen und unterziehen. Mehl und Speisestärke in die Eimasse sieben und leicht unterheben. Den Boden einer Springform ausfetten und mit Pergamentpapier auslegen. Teig einfüllen, glattstreichen und im vorgeheizten Backofen bei 180° (Gas Stufe 2) 20–25 Min. backen. Biskuit etwa 1 Std. auskühlen lassen.

2 Die Hälfte der kandierten Früchte zum Garnieren beiseite legen, 150 g grob zerkleinern. Schokolade in Würfel schneiden. Ricotta durch ein Sieb streichen. Zucker in eine Kasserolle geben, 6 cl Wasser angießen und zu einem Sirup einkochen. Die heiße Zuckermasse unter die Ricottacreme ziehen, Vanillezucker und 8 cl Likör dazugeben und zu einer sämigen Creme verrühren. 5 EL der Creme beiseite stellen. Dann die zerkleinerten kandierten Früchte und die Schokoladenwürfel unterheben.

3 Tortenboden in zwei Scheiben schneiden und mit restlichem Maraschino tränken. Mit der einen den Boden einer runden Form auslegen. ²/₃ der Ricottacreme einfüllen. Mit der anderen Biskuitscheibe bedecken. Die restliche Creme darauf glattstreichen.

4 Cassata im Kühlschrank fest werden lassen und auf eine Platte stürzen. Mit 5 EL Creme überziehen und den übrigen kandierten Früchten garnieren.

Variante: Die Creme mit 70 g Nüssen (Pistazien, Walnüssen und Pinienkernen) anreichern.

Tronco di bosco

Aus dem Aostatal · Gelingt leicht

Baumkuchen mit Schokolade

Zutaten für 8–10 Portionen:
250 g Butter
70 g Puderzucker
2 Eigelb
100 g bitteres Kakaopulver
150 g Löffelbiskuits
50 g Mandeln
6 cl Rum

Zubereitungszeit: 30 Min. (+ 10 Min. Ruhen, + 4 Std. Kühlen)

Bei 10 Portionen pro Portion: 1900 kJ/450 kcal

1 Weiche Butter stückweise in eine lauwarme Schüssel geben und mit dem Pürierstab cremig rühren. Nach und nach Puderzucker dazugeben. Eigelb schaumig schlagen und unter die Butter ziehen.

2 Kakaopulver in die Buttercreme einstreuen und gut vermischen. Löffelbiskuits grob zerbröckeln und mit einem Holzlöffel unterheben.

3 Mandeln in heißes Wasser tauchen, schälen und sehr fein hacken. Die Mandeln mit dem Rum unter die Masse ziehen und etwa 10 Min. ruhen lassen.

4 Alufolie auslegen, die Kuchenmasse mit einem Löffel rollenförmig auf die Alufolie schichten und fest einrollen.

5 Baumkuchen mindestens 4 Std. kalt stellen. Die Alufolie entfernen, den Kuchen auf eine gekühlte Platte legen und vorsichtig in 1 cm dicke Scheiben schneiden. Sofort servieren, da der Kuchen bei Zimmertemperatur leicht schmilzt. Zum Espressocafé reichen.

Torta di zucca gialla

Aus der Basilicata · Für den Winter

Gelbe Kürbistorte

Zutaten für 10–12 Portionen, für eine Springform von 28 cm Ø:
1 kg gelber Kürbis
½ l Milch
100 g geschälte Mandeln
100 g Zucker · 3 Eier
1 Prise Salz
1 Päckchen Vanillezucker
abgeriebene Schale von 1 unbehandelten Zitrone
30 g Butter
3 EL Semmelbrösel
evtl. Puderzucker zum Bestäuben

Zubereitungszeit: 1¼ Std. (+ 40 Min. Backen)

Bei 12 Portionen pro Portion: 1000 kJ/240 kcal

1 Kürbis halbieren, mit einem Löffel Kerne und bittere Fasern entfernen. Die Kürbishälften in Spalten schneiden. Das Fruchtfleisch von der Schale lösen und grob raspeln. In ein Tuch einschlagen und möglichst viel Flüssigkeit herauspressen. Die Kürbismasse soll nur noch 300 g wiegen.

2 Kürbisraspeln mit kalter Milch in einen Topf geben und etwa 60 Min. bei schwacher Hitze köcheln lassen, bis eine cremige Masse entstanden ist. Mandeln mahlen, mit dem Zucker mischen und mit dem gekochten Kürbis verrühren. Abkühlen lassen.

3 Backofen auf 180° (Gas Stufe 2) vorheizen. Eier mit einer Prise Salz in einer Schüssel schaumig schlagen, Vanillezucker und Zitronenschale dazugeben. Die geschlagenen Eier gut mit der Kürbismasse vermischen.

4 Eine Springform mit Butter ausstreichen und mit Semmelbröseln bestreuen. Kürbismasse in die Form einfüllen, 2 cm hoch glattstreichen und im Backofen etwa 40 Min. goldgelb backen. Kuchen abkühlen lassen, in kleine Stücke schneiden und servieren. Nach Wunsch mit Puderzucker bestäuben.

Info: Kürbisse gibt es in vielen Farben, Formen und Größen. Man unterscheidet dabei Sommerkürbisse mit weichen Schalen, zu denen die Zucchini zählen, und Wintersorten mit harten Schalen. Der runde gelbe Gartenkürbis, der auch bei uns heimisch ist, hat einen sehr milden Geschmack. Das feste, leicht faserige Fruchtfleisch kann gebacken, in Dampf gegart oder püriert werden.

Castagne nello sciroppo

Aus Südtirol · Braucht etwas Zeit

Eßkastanien in Sirup

Zutaten für 4–6 Gläser:
2 kg mittelgroße Maroni (Eßkastanien)
Für den Sirup:
1 unbehandelte Orange
1 unbehandelte Zitrone
750 g Zucker · 1 l Wasser
200 ml Weingeist, 70 % (in Apotheken erhältlich)
200 ml Weinbrand
2 Päckchen Vanillezucker
2 Zimtstangen · 10 Gewürznelken

Zubereitungszeit: 3 Std. (+ 4 Std. Ruhen)

Bei 6 Gläsern pro Glas: 5100 kJ/1200 kcal

1 Backofen auf 250° (Gas Stufe 5) vorheizen. Maronen mit einem scharfen Messer längs auf einer Breitseite leicht einschneiden. Auf dem Backblech im Backofen (oben) etwa 30 Min. rösten.

2 Orange und Zitrone heiß waschen, trockenreiben. Die Zitrusfrüchte schälen und die Schale zerkleinern. Zucker mit dem Wasser in einem Topf mischen, feingehackte Schalen hinzufügen und etwa 20 Min. bei schwacher Hitze köcheln. Den Sirup abkühlen lassen.

3 Weingeist und Weinbrand in den Sirup gießen. Vanillezucker, Zimt und Gewürznelken hinzufügen. Alles gut mischen und gut zugedeckt mindestens 4 Std. ruhen lassen.

4 Maronen, wenn möglich, im ganzen aus der Schale lösen und in Gläser mit Schraubverschluß oder in Einmachgläser einschichten. Gläser oft schütteln, damit möglichst viel Kastanien hineinpassen. Mit Sirup auffüllen und die Gläser schließen. An einem kühlen Ort aufheben. Am besten schmecken die Maronen nach 2–3 Monaten. Die Maronen als Dessert oder nachmittags zum Kaffee servieren.

Info: Bei den Eßkastanien unterscheidet man die herzförmigen Maronen aus den Wäldern des Apennin von den rundlichen Eßkastanien aus Südtirol. Im September und Oktober fallen die Früchte ab. Frisch und geröstet gibt es dann »heiße Maroni«. Während der Saison trifft man sich in Italien zum Rendezvous abends nach dem Essen auf eine Portion heiße Maroni.

Typische Menüzusammenstellungen

Die Kochkunst der Italiener zeigt sich im weiten Spektrum der möglichen Kombinationen ihrer Gerichte. Dabei legen sie Wert auf die Zusammenstellung von Speisen ähnlicher Geschmacksrichtungen, z.B. Meeresfrüchte als Antipasto oder Primo piatto und ein Fischgericht als Secondo piatto. Im Kreis der Familie ist es üblich, an Festtagen mehrere Gerichte zur Auswahl aufzutischen.

Schnelle Menüs

Mozzarella e pomodori · Mozzarella mit Tomaten	34
Pasta con le sarde · Nudeln mit Sardinen und Fenchel	62
Tonno fresco in umido · Thunfisch in Tomatensauce	87
Insalata verde · Grüner Salat *	—
Frutta di stagione · Frisches Obst nach Jahreszei	—

Spaghetti alla carbonara · Spaghetti mit Speck und Eiern	66
Saltimbocca alla romana · Kalbsschnitzel mit Schinken und Salbei	96
Insalata di radicchio · Radicchiosalat *	—
Fragole al limone · In Zitronensaft marinierte Erdbeeren *	—

Frittelle di polenta · Gebackene Polentaplätzchen	71
Trota in padella · Forelle in der Pfanne	85
Spinaci cotta · Gedünsteter Spinat *	—
Prugne in composta · Pflaumenkompott *	—

Spaghetti al tonno · Spaghetti mit Thunfisch	66
Gamberoni allo spiedo · Garnelenspieße mit grüner Sauce	81
Insalata diverse · Gemischter Salat *	—
Gelato con amarene sciroppate · Vanilleeis mit Amarene-kirschen *	—

Menüs, die sich gut vorbereiten lassen

Insalata di frutti di mare · Meeresfrüchte-Salat	36
Pizza »quattro stagioni« · Pizza »Vier Jahreszeiten«	41
Insalata mista · Gemischter Salat *	—
Macedonia · Fruchtsalat *	—

Bresaola · Luftgetrocknetes Rindfleisch mit Olivenöl, Zitrone und Pfeffer *	—
Torta di pesce · Fischtorte	82
Insalata mista · Gemischter Salat *	—
Pere cotte · Birnen in Sirup	127

Olive con buccia d'arancio · Oliven mit Orangenschale	35
Tortellini al prosciutto e panna · Tortellini mit Schinken-Sahne-Sauce	58
Vitello tonnato · Kalbfleisch mit Thunfischsauce	90
Formaggi con le pere · Parmesan und Birnen	—

Jahreszeitenmenüs

Frühjahrsmenü

Farfalle al Gorgonzola · Farfalle mit Gorgonzolasauce	61
Scaloppe di vitello · Kalbsschnitzel *	—
Asparagi al prosciutto · Überbackener Spargel mit Schinken	117
Marzolino · Frischer Pecorino	—
Dolcini di riso · Reisküchlein	129

Sommermenü

Risotto nero alla fiorentina · Schwarzer Tintenfischreis	50
Orata al forno con patate · Überbackene Goldbrasse	84
Insalata verde · Grüner Salat *	—
Pesche ripiene · Gefüllte Pfirsiche	126

Herbstmenü

Crostini di fegato di pollo · Geröstetes Weißbrot mit Hühnerlebercreme	32
Funghi sul crostino · Pilze auf Weißbrot	30
Pappardelle di lepre in umido · Nudeln mit Sauce vom Hasenragout mit frisch geriebenem Parmesan *	—
Lepre in umido · Hasenragout mit Sauce	100
Verdura cotta · Gedünsteter Mangold und Spinat *	—
Formaggi misti · Gemischter Käse	—

Wintermenü

Mocetta · Luftgetrocknetes Gems- oder Rindfleisch *	—
Zuppa alla Valdostana · Wirsingsuppe mit Brot und Käse	46
Ossobuco alla milanese · Geschmorte Kalbshaxe	92
Castagne nello sciroppo · Eßkastanien in Sirup	137

Menüs für jeden Tag

Penne all'arrabbiata · Nudeln mit Chilisauce	62
Pollo con le olive · Geschmortes Huhn mit Oliven	105
Peperonata · Paprikagemüse	112
Frutta di stagione · Frisches Obst nach Jahreszeit	—

Minestrone con piselli e pesto · Minestrone mit Erbsen und Pestosauce	45
Pizzette di patate · Kleine Pizzen aus Kartoffelteig	38
Insalata verde · Grüner Salat *	—
Frutta cotta · Kompott *	—

Risotto alla milanese · Safranrisotto	52
Ossobuco alla milanese · Geschmorte Kalbshaxe	92
Piselli · Grüne Erbsen *	—
Pere ripiene con Gorgonzola · Birnen mit Gorgonzolafüllung	127

Minestrone di verdure · Gemüsesuppe	44
Insalata verde · Grüner Salat *	—
Frutta cotta · Kompott *	—
Fegato al vino bianco · Kalbsleber in Weißwein	95

Menüs für Gäste

Insalata di funghi · Pilzsalat	30
Rigatoni al sugo di noci · Rigatoni mit Nußsauce	61
Fricassea di pollo · Frikassee vom Maishähnchen	105
Pure di patate · Kartoffelpüree *	—
Frutta di stagione · Früchte der Saison *	—
Melanzane alla parmigiana · Auberginenauflauf	118
Braciole di maiale alle olive · Schweinekoteletts mit Oliven	94
Pesche ripiene · Gefüllte Pfirsiche	126
Gnocchi di patate · Kartoffelnockerln mit Ricotta	68
Coniglio fritto · Gebackenes Kaninchen	98
Carciofi fritti · Gebackene Artischocken	116
Formaggio e frutta · Käse und Obst	—
Antipasto · Vorspeise mit Schinken und Salami *	—
Crespelle al forno · Überbackene Pfannkuchenrollen	121
Tacchino al latte · Geschmorter Truthahn in Milch	102
Pecorino	—
Pomodori ripieni in insalata · Gefüllte Tomaten	110
Gnocchi verdi · Spinatnockerln	68
Vitello tonnato · Kalbfleisch mit Thunfischsauce	90
Cassata alla siciliana · Sizilianische Cassata	134

Menüs für große Feste

Ostermenü

Carpaccio del Cipriani · Mariniertes rohes Rinderfilet	30
Funghi sul crostini · Pilze auf Weißbrot	30
Tagliatelle al ragù · Bandnudeln mit Ragoutsauce	57
Agnello in umido · Lamm in der Sauce mit grünen Erbsen	98
Faraona con patate · Perlhuhn mit Kartoffeln	102
Formaggi misti · Gemischter Käse	—
Latteruolo · Milchkuchen	130
Colomba Pasquale · Ostertaube *	—

Weihnachtsmenü

Antipasto misto. Prosciutto di San Daniele, Salame, Coppa e altri salumi · Schinken, Coppa und Salami *	—
Minestra in brodo · Fleischbrühe mit Tortellini *	—
Ravioli al burro · Ravioli mit Butter und Salbei	55
Piccioni ripieni al forno · Gefüllte Tauben aus dem Backofen	106
Pure di patate · Kartoffelpüree *	—
Formaggi misti · Gemischter Käse	—
Zuppa inglese della mamma · Biskuits mit Schokolade- und Eiercreme	132
Panforte senese · Lebkuchen aus Siena *	—
Panettone · Mailänder Hefekuchen mit kandierten Früchten*	—

Menüs mit Fleisch

Polenta con tartufi · Polenta mit Käse und Trüffeln	70
Quaglie al tegame · Geschmorte Wachteln mit Rosinen und Blattspinat	107
Frittelle di riso · Reiskroketten	129
Lasagne verdi al forno · Grüner Lasagneauflauf	57
Tacchino al latte · Geschmorter Truthahn in Milch	102
Latteruolo · Milchkuchen	130
Polenta al piatto con ragù · Polenta mit Ragoutsauce	70
Fegato alla veneziana · Gebratene Kalbsleber mit Zwiebeln	95
Pure di patate · Kartoffelpüree *	—
Tiramisù · Mascarponecreme	133

Menüs mit Fisch

Risotto ai frutti di mare · Reis mit Meeresfrüchten	51
Calamari ripieni · Gefüllte Kalmare mit Mangold	76
Pere cotte · Birnen in Sirup	127
Cozze gratinate alla tarantina · Überbackene Miesmuscheln	78
Cacciucco alla viareggina · Gemischter Fischeintopf	75
Bignè di albicocche · Aprikosenkrapfen	130
Tortellini mare-orto · Tortellini mit Gemüse und Garnelen	58
Triglie alla livornese · Rotbarben in würziger Tomatensauce	76
Insalata di rucola · Rucolasalat *	—
Frutti di bosco con Mascarpone · Waldbeeren mit Mascarpone *	—

Vegetarische Menüs

Minestra di patate e carote · Gemüsesuppe mit Kartoffeln und Möhren	46
Crespelle magre di spinaci · Pfannkuchenrollen mit Spinat	121
Torta di zucca gialla · Gelbe Kürbistorte	136
Mozzarella al forno · Überbackener Mozzarella	34
Trenette al pesto genovese · Trenette Genueser Art	64
Frittata di patate e zucchini · Omelette mit Kartoffeln und Zucchini	121
Bignè di albicocche · Aprikosenkrapfen	130

* Diese Gerichte sind in dem Buch nicht als Rezept aufgeführt. Alle Zutaten gibt es in italienischen Spezialitätenläden zu kaufen.

Glossar

Abbacchio: ein Milchlamm, das noch nie Gras gefressen hat

Aceto balsamico: milder, aromatischer Balsamessig von dunkelbrauner Farbe, der 6–10 Jahre reifen muß; edle Würzspezialität aus Modena

Amaro: bitterer Likör als Digestif, z.B. Fernet branca

Agnoletti: gefüllte quadratische Teigtaschen aus Eierteig

al dente: bißfeste Konsistenz der Nudeln, auch von Gemüse, körnig gekochter Reis

Alchermes: rot gefärbter Kräuterlikör auf Zimtbasis mit Gewürznelken, Koriander und Muskatnuß

Amarene: dunkelrote, fleischige Sauerkirschen oder Morellen. Meist werden sie als Sirup mit Früchten zu Eis serviert; 1 kg Sauerkirschen mit Stiel in ein Weckglas einfüllen, 500 g Zucker darübergeben und etwa 2 Tage an einen sonnigen Platz stellen.

Amaretti: kleine knusprige Makronen aus Süß- und Bittermandeln, Spezialität der Emilia-Romagna

Amaretto: Mandellikör aus Saronno, ideal für Desserts

Arborio-Reis: Rundkornreis, der für süße und pikante Speisen, vor allem aber für Risotto verwendet wird

Arista: Schweinelendenbraten aus Florenz. Sein Name bedeutet »das Beste«.

Baccalà: Stockfisch; Kabeljau wird durch Einlegen in Salz und durch das Trocknen an der Luft haltbar gemacht

Bel Paese: milder Butterkäse aus der Lombardei

Biscottini: trockene Mandelbiskuits, die man in der Toskana in Vin Santo tunkt

Bistecca alla fiorentina: T-Bone-Steak vom Chiana-Rind

Brasato: Rinderbraten in Rotwein aus der Lombardei

Bresaola: luftgetrocknetes Rindfleisch, das »Bündner Fleisch« Norditaliens; wird in hauchdünnen Scheiben mit Zitrone und Olivenöl angerichtet

Brodetto: Fischsuppe an der Adria mit unterschiedlichen Fischsorten und Meeresfrüchten, jede Region kocht ihr eigenes Rezept

Bruschetta (fettunta): geröstete Weißbrotscheiben, mit frischem Knoblauch eingerieben und mit Olio vergine extra beträufelt

Burrata: fetthaltiger Käse aus Büffelmilch, größer als Mozzarella

Cacciucco: Fischeintopf aus der Toskana mit mindestens fünf Fischsorten. Die berühmtesten kommen aus Livorno und Viareggio.

Caciocavallo: birnenförmiger Käse aus Süditalien. Frisch ist er mild, mit zunehmender Reife wird er hart als Reibekäse verwendet.

Calamari: Kalmar, länglicher Tintenfisch, zum Füllen geeignet

Campari: Aperitif aus Chinarinde und Kräutern, Mailänder Erfindung

Cannoli: knusprige Teigröllchen mit Quarkfüllung aus Sizilien

Caprese: Mozzarella mit Tomaten

Cappelletti: gefüllte Eierteigtaschen in Hütchenform

Capocollo: in Wein marinierte, luftgetrocknete und geräucherte Schweinelende oder -kamm in der Schweinsblase

Carpaccio del Cipriani: Berühmte Vorspeise. In den siebziger Jahren fand in Venedig eine Ausstellung mit Werken des berühmten Malers Carpaccio statt. Herr Cipriani, der dort ein exklusives Gourmet-Lokal führt, kreierte zu Ehren Carpaccios dieses raffinierte Antipasto und nannte es nach dem Maler.

Carta da musica: wörtlich »Notenblätter«, dünne Dauerbrotfladen aus Sardinien

Casonsei: gefüllte dreieckige Ravioli

Chitarra: Holzrahmen, der wie eine Gitarre mit Drahtseiten bespannt ist, zum Durchdrücken von Teigplatten

Colomba pasquale: Osterkuchen in Taubenform

Coppa: marinierter luftgetrockneter Schweinehals, der halb mageres Fleisch, halb Fett enthält

Cotechino: scharf gewürzte Schweinekochwurst aus Norditalien, die zu Linsen oder mit Bollito misto gereicht wird, typisches Silvestergericht

Crostini vari: im Ofen geröstetes Weißbrot mit verschiedenen pikanten Pasten bestrichen, Appetitanreger

Fettuccine: selbstgemachte Eierbandnudeln, etwas schmaler als Tagliatelle

Finocchiona: Wurst nach Art der Mortadella, stark mit Fenchelsamen gewürzt

Fontina: halbfester milder bis pikanter Kuhmilchkäse aus dem Aostatal, gut zum Überbacken geeignet

Frittata: Eieromelette, das mit Kräutern, Kartoffeln oder Gemüse angereichert ist

Fritto misto: gemischtes Ausgebackenes, das entweder aus verschiedenen Fischsorten und Meeresfrüchten oder aus Gemüse im Backteig besteht

Frutti di Martorana: dekorative Marzipanfrüchte, Spezialität aus Palermo

Erbette di campo: verschiedene wilde Radicchiosorten, mit Essig, Salz, Pfeffer und Olivenöl oder mit leicht gebratenen Speckwürfeln gewürzt

Gelato: Sahneeis in allen Geschmacksrichtungen

Gorgonzola: weicher geschmeidiger Blauschimmelkäse aus Kuhmilch, der in der gleichnamigen Stadt in der Lombardei seinen Ursprung hat

Grana: Oberbegriff für Hartkäseprodukte, z. B. Parmesan

Granita: aromatisiertes Sorbet mit Sirup

Grappa: hochprozentiger Tresterbranntwein aus Norditalien

Grissini: dünne knusprige Brotstangen aus Turin

in umido: Zubereitungsart, bei der eine Speise in einer Sauce aus Tomaten und kleingeschnittenem Gemüse geschmort wird

Lampascioni: leicht bittere Zwiebeln, die sauer eingelegt werden

Luganega: kleine frische, sehr würzige Schweinswurst

Maraschino: Likör aus Maraschino-kirschen

Marsala: Dessertwein aus Sizilien

Mascarpone: Rahmfrischkäse, der besonders für Desserts oder in Pasta-saucen verwendet wird

Minestra: leichte Suppe mit Einlage

Minestrone: dicke Gemüsesuppe mit weißen Bohnen und Nudeleinlage

Mocetta: eingesalzenes, luftgetrocknetes Gemsfleisch, Spezialität aus dem Aostatal

Mortadella: Spezialität aus Bologna, größte Wurstart aus Schweinefleisch, Speckwürfeln, Pistazien, Pfefferkörnern und Knoblauch mit einem Durchmesser von bis zu 40 cm

Mostarda: kandierte, in Senfsirup ein-gelegte Früchte, die zu Fleisch, vor allem zu Bollito misto serviert werden

Mozzarella Fior di latte: Frischkäse aus Kuhmilch, offen und in Beuteln abgepackt

Mozzarella di bufala: rahmweißer Mozzarella aus Büffelmilch

Olio vergine: natives Olivenöl mit 2 g/ 100 g Anteil an freien Fettsäuren

Olio vergine extra: natives Olivenöl extra (erste Qualität für kaltgepreßtes Olivenöl) mit 1 g/100 g Anteil an freien Fettsäuren

Pan di Spagna: Biskuitkuchen, den man für Desserts wie Cassata alla siciliana oder für Zuppa inglese benötigt

Pancetta: luftgetrockneter Schweine-bauchspeck

Panettone: ursprünglich Weihnachts-kuchen aus Hefeteig mit kandierten Früchten und Sultaninen, heute welt-berühmte Spezialität aus Mailand

Panforte: Lebkuchen aus Siena, Weihnachtsgebäck aus Mehl, Zucker, Gewürzen, Mandeln und kandierten Früchten

Parmiggiano reggiano: weltbekannter, nach strengen Vorschriften aus Kuhmilch hergestellter Hartkäse in großen Laiben, innen trocken, leicht brüchig, körnig und würzig; wird meist frisch gerieben zu Pastagerichten gereicht

Pecorino: Hartkäse aus Schafmilch, der in Mittel- und Süditalien hergestellt wird; bekannte Sorten toscano, romano, sardo und siciliano

Pelati: geschälte Eiertomaten in Dosen (400 und 850 g)

Peperoncino: Peperoni

Piadina: Brotfladen, der auf einer heißen Tonplatte gebacken wird, Spezialität aus der Romagna

Pinzimonio: Tunke für Gemüse-Dip aus Essig, Olivenöl, Pfeffer und Salz

Polenta: Maisbrei aus Norditalien, den man als Beilage oder in Scheiben gebraten serviert

Porchetta: ganzes Spanferkel am Spieß geröstet

Prosciutto crudo: kurz gepökelter, mindestens 10 Monate an der Luft getrockneter Schinken aus der Keule ausgewählter Schweine, die teilweise mit Eicheln aufgezogen wurden; berühmt Prosciutto crudo di Parma und San Daniele in typischer Geigenform, der von der Luft des Karstgebirges im Friaul besonders würzig schmeckt

Provola: weicher Käse aus Latium, ähnlich dem Mozzarella

Provolone: Hartkäse aus Kuhmilch in verschiedener Form und Größe, je nach Reifegrad mild bis scharf

Radicchio rosso: rote Zichorie mit bitterem Geschmack, Wintersalat aus Treviso, der in Venetien auch zum Risotto Verwendung findet

Ragù: Fleischsauce, die zu Nudeln, Polenta oder Gnocchi gereicht wird, Bestandteil der Lasagne

Ricotta: quarkähnlicher, milder Frisch-käse, meist aus Kuhmilch, aber auch aus Schaf- und Ziegenmilch. Man verwendet ihn zum Füllen von Ravioli oder für Süßspeisen

Robiola: kleiner, rechteckiger Käse aus Kuh- oder Schafmilch mit rötlicher Rinde. Der Käse aus Piemont oder der Lombardei wird jung verzehrt. In seinem Geschmack erinnert er an den Taleggio.

Salsiccia: frische Schweinebratwurst

Salamini: kleine Schweinswürstchen, in manchen Gegenden mit Peperoncino gewürzt

Scamorza: milder Kuhmilchkäse, den es auch geräuchert gibt; in der Form ähnlich dem Mozzarella

Soppressata: magerer gewürzter Schweinepressack

Taleggio: quaderförmiger aromatischer Käse, weich bis halbfett

Tartufi: schwarze Trüffel (knollenartige Pilze in Eichenwäldern) aus der Gegend von Norcia in Umbrien, weiße Trüffel bei Alba in Piemont

Toma: Kuhmilchkäse aus Norditalien, frisch oder gereift

Torrone: Mandelhonigstangen, Spezialität aus Cremona

Vermouth: Aperitif aus Kräutern und Gewürzen, Turiner Erzeugnis

Vialone-Reis: Reis aus der Poebene, der sich für Risotto eignet

Zafferano: Safran, in Briefchen von 125 mg oder als Fäden in Gläschen (1 g) erhältlich

Zampone: mit delikater Wurst gefüllter Schweinsfuß, der oft zu Linsen und zu Bollito misto gereicht wird, Spezialität aus Modena

Zuppa: dicke Suppe, die meist auf geröstetem Brot angerichtet wird, oder Dessert wie Zuppa inglese

Abkürzungen:

TL	=	Teelöffel
EL	=	Eßlöffel
Msp.	=	Messerspitze
kJ	=	Kilojoule
kcal	=	Kilokalorie

Rezept- und Sachregister

Umschlag-Vorderseite: Das Bild zeigt Spaghetti mit Tomatensauce. Dafür 1 kleingehackte Zwiebel, 2 ganze Knoblauchzehen und nach Belieben 2 Bund kleingehackte Petersilie in 4 EL Öl anbraten. Mit 1 kg gehäuteten und kleingehackten Tomaten 15 Min. offen schmoren. Nach Belieben passieren.

Die Bilder ohne Bildunterschriften zeigen: Die Fotos auf S. 4/5: Apulischer Bauer mit Esel bei Gargano (oben rechts), Bar in Lucca (Mitte), Kisten auf italienischem Markt mit Bohnen und Zucchiniblüten (unten links), Boote im Gebiet der Cinque Terre in Ligurien (unten rechts). S. 8/9: Sonnenuntergang über Santa Maria della Salute in Venedig. Umschlag-Rückseite: Das Bild zeigt: dörfliche Idylle in Süditalien.

Miranda Alberti
ist in der Emilia-Romagna geboren und in der Toscana aufgewachsen. Von Kindheit an lernte sie die verschiedenen Traditionen der italienischen Küche kennen. Sie studierte Literatur und Philosophie an der Universität von Florenz. Heute lebt sie als freie Autorin in München. Die leidenschaftliche Köchin verrät in diesem Buch mündlich überlieferte Rezepte ihrer Familie.

Michael Brauner, Food Fotografie
Nach Abschluß der Fotoschule in Berlin arbeitete Michael Brauner als Fotoassistent bei namhaften Fotografen in Frankreich und Deutschland. Nach einem fünfjährigen Zwischenstadium als festangestellter Food-Fotograf machte er sich 1984 selbständig. Sein individueller, atmosphärereicher Stil ist überall geschätzt: in der Werbung sowie bei vielen bekannten Verlagen. In seinen Studios in Karlsruhe und Gordes (Provence) setzt er die Rezepte für viele Titel der Reihe »Küchen der Welt« stimmungsvoll ins Bild.

Kathrin Gaus
wurde in Braunschweig geboren, wo sie auch Graphik-Design studierte. Schon immer vom südländischen Charme angezogen, lebte und arbeitete sie später in München und inzwischen in Les Vans in Südfrankreich. Durch viele Ferienaufenthalte hat sie eine besondere Affinität zu Italien – was in den munteren Farben ihrer Illustrationen zum Ausdruck kommt.

Bildnachweis
Titelbild und Rezeptfotos:
Michael Brauner, Food Fotografie.
Die Fotografen der Bilder im Inhaltsverzeichnis, des Kapitels »Land und Leute laden ein...« und der Produktinformationen nachstehend in alphabetischer Reihenfolge.
ai aigner impuls, Gottfried Aigner, München: S. 11 oben
Erika Casparek-Türkkan, Bernried: S. 4 unten links, 111
Herbert Hartmann, München: S. 52
Harald Mante, Dortmund: S. 8/9
Daniele Messina, Mannheim: S. 10
realbild Klaus D. Neumann, München: S. 4/5 Mitte, 11 unten, 12/13, 17 oben, 22 oben, 25, 29
Hermann Rademacker, München: S. 100
Thomas Stankiewitz, München: Umschlag-Rückseite
Fotostudio Teubner, Füssen: S. 59, 65, 90, 97
Martin Thomas, Aachen-Alt Lemiers: Seite 4/5 oben und unten rechts, 14, 15, 16, 17 unten, 19 unten, 20/21 (2), 22 unten, 23, 24, 78
K. Wagenhäuser/jd Bildagentur, München: S. 18/19

Impressum

Redaktion: Dr. Stephanie von Werz-Kovacs und Birgit Rademacker
Lektorat: Monika Arndt
Versuchsküche: Monika Arndt, Susanne Bluhm, Doris Leitner, Doris Fahr-Scheu, Ulrika Scheu, Gabi Scheu-Schmid, Eva-Maria Zehetmair
Illustrationen: Kathrin Gaus
Herstellung: Esta Denroche
Gestaltung: Konstantin Kern
Kartographie: Huber
Reproduktion: Fotolito Longo, Bozen
Druck und Bindung:
A. Mondadori Editore, Verona

Printed in Italy

ISBN 3-7742-1870-6

Auflage	6.	5.	4.	
Jahr	1999	98	97	96